7인의 영국 박사 생활 분투기

7인의 영국 박사 생활 분투기

발행일	2025년 5월 26일		
지은이	안선하, 이보희, 송인섭, 이예린, 정동혁, 이승한, 김선우		
펴낸이	손형국		
펴낸곳	(주)북랩		
편집인	선일영	편집	김현아, 배진용, 김다빈, 김부경
디자인	이현수, 김민하, 임진형, 안유경	제작	박기성, 구성우, 이창영, 배상진
마케팅	김회란, 박진관		
출판등록	2004. 12. 1(제2012-000051호)		
주소	서울특별시 금천구 가산디지털 1로 168, 우림라이온스밸리 B동 B111호, B113~115호		
홈페이지	www.book.co.kr		
전화번호	(02)2026-5777	팩스	(02)3159-9637

ISBN   979-11-7224-640-2 03190 (종이책)   979-11-7224-641-9 05190 (전자책)

(주)북랩 성공출판의 파트너
북랩 홈페이지와 패밀리 사이트에서 다양한 출판 솔루션을 만나 보세요!
홈페이지 book.co.kr   •   **블로그** blog.naver.com/essaybook   •   **출판문의** text@book.co.kr

작가 연락처 문의 ▸ ask.book.co.kr
작가 연락처는 개인정보이므로 북랩에서 알려드릴 수 없습니다.

7인의
영국 박사 생활
분투기

안선하, 이보희, 송인섭, 이예린, 정동혁, 이승한, 김선우

🐦 북랩

들어가며

이 책은 영국에서 펜데믹 시기를 거치며 외롭고 고독한 박사 과정의 유학 생활을 하는 동안 마주한 다양한 일상의 어려움들과 이를 극복하기 위한 일곱 명의 박사 과정생 시절의 개인적 노하우들을 공유하고 싶은 마음으로 시작됐습니다. 저희 일곱 명의 저자들은 보건학, 역학, 사회정치무용학, 관광경영학, 문화정책, 도시사회학, 지구환경학 등 서로 다른 전공 배경을 가지고 있으며, 짧게는 3~4년, 길게는 6~7년의 시간 동안 유학 생활의 외로움과 막막함을 온몸으로 겪어 왔습니다. 저희는 영국 각 지역에서(5개의 도시: 런던, 코번트리, 리즈, 에딘버러, 글래스고) 홀로 또는 같이 감내해야 하는 일상의 어려움들을 마주하며 비슷한 길을 걷고 있는 동료들이 있다는 사실을 깨달았을 때, '나만 이렇게 힘든 게 아니었구나' 하는 안도와 위안을 얻었고, 각자의 고군분투가 공감의 언어로 공명할 수 있음을 경험했습니다.

영국에서의 박사 학위 과정은 단순히 '박사'라는 자격을 얻기 위한 절차라기보다 독자적인 세계를 구축하고 재설계해야 하는 과정이라고 생각합니다. 특히 한국과 문화·사회 구조적으로 다른 영국에서, 개인이 독립적이면서도 주체적으로 그 거리를 좁혀 나가야 한다는 점은 결코 쉽지 않습니다. 더욱이 미국 유학에 비해 구체적 정보가 부족한 영국 유학의 특성상 각자 스스로 길을 개척해야 한다는 부담감 또한 적지 않습니다. 이 책은 그러한 부담을 조금이라도 덜어 드리고자 저희가 겪은 경험과 배움을 '생활의 지침서'처럼 묶어 내 보자는 마음으로 시작되었습니다.

책은 크게 다섯 가지 테마, ① 정신 건강 관리, ② 대내·외 활동 관리, ③ 지도 교수와의 관계 관리, ④ 현장 연구 과정 준비와 위기 관리 ⑤ 논문 작성 방법에 대한 노하우로 구성되었습니다. 이 테마들은 2023년 9월부터, 직접 저자로 참여하지 않았지만 책 저술에 관심을 보여 주신 약 20명의 박사 과정 동료들과 함께 여러 차례 온라인 토의를 진행하며 주제별 분석(thematic analysis)을 통해 도출한 결과입니다. 이 테마들은 박사 과정을 지나오며, 사전에 또는 과정 중에 알았다면 좋았겠다는 주제로 선정됐습니다. 이후 각 장의 원고는 참여자들의 교차 검토와 편집 과정을 거쳐 다듬고 검증하였습니다.

이 책은 일반적으로 외로움과의 지속적인 협력이 필요한 박사 과정 중에서도 외부적 위험 요인이 컸던 코로나19 펜데믹 상황에서도 해외에서 유학을 준비하실 분들 또는 이미 진행하고 계시는 분들에게 연구자의 자율성과 독립성을 중시하는 영국에서는 박사 과정 유학에 대한 현실적인 조언과 마음가짐들을 전해 주고, 나아가 옆에 두고 언제든 다시 꺼내 볼 수 있는 '친구 같은 책'이 되길 바랍니다. 혼자만의 분투로 여겨지던 지난 경험을 함께 나눔으로써 독자 여러분께 공감과 힐링의 순간이 찾아오길 진심으로 기원합니다. 또한 낯선 땅에서 박사 과정을 이어 가는 모든 분들께 이 글이 작은 위안이 되길 바라며, 앞으로 영국 유학을 꿈꾸는 분들에게도 더 나은 준비와 성장을 위한 작은 불씨가 되길 바랍니다.

감사합니다.

차례

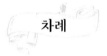

테마 2. 즐거운 박사 생활을 위한 네트워크 관리법

테마 4. 박사 연구 과정(현장 연구 데이터 수집)을 통한 성장기

테마 5. 진정한 박사가 되기 위한 연구 및 논문 작성 과정

테마 1

박사 과정의 시작
: 정신 건강 관리의 중요성

하나.
선하의 이야기

COVID-19 펜데믹 시기, 박사 초기, 정신 건강을 위한 다섯 가지 노력들

나는 2019년 스코틀랜드 글래스고대학교 보건사회학으로 가을 학기 입학 허가를 받았지만, 여러 가지 한국에서의 일도 정리도 할 겸 2020년 1월부터 박사 과정을 공식적으로 시작했다. 영국에 머물며 그해 1월 말부터 전해지는 중국과 한국 등 동아시아를 기점으로 빠르게 확산되는 코로나19 바이러스와 관련된 뉴스들을 보았지만, 마치 영국에 있는 나에게는 일어나지 않을 것처럼 타인의 시선으로 전염병 상황을 걱정했었다. 하지만 시간이 지날수록 유럽에서도 이탈리아를 시작으로 이 바이러스는 점점 유럽 전역으로 번져 오기 시작했다. 궁극적으로 영국도 2월 말부터 코로나19 감염자 수가 점점 증가하면서, 공식적으로 3월 24

일, 영국 정부는 국가 봉쇄(Lockdown)를 시작하였다.

영국 봉쇄의 강도와 적용 기간은 잉글랜드 웨일스와 스코틀랜드, 북아일랜드의 각 지방 정부의 결정에 따라 조금씩 차등이 있었는데, 내가 있던 스코틀랜드는 5월 29일, 6월 19일 그리고 7월 10일 세 단계에 걸쳐 점차 봉쇄가 풀려 가기 시작했고, 이 기간은 실질적으로 약 4개월이었다. 이 기간은 우리 모두가 한 번도 겪어 보지 못한 경험이었고, 코로나19 봉쇄와 감염 경험에 대한 여파는 4개월을 훌쩍 넘어 코로나19 블루, 또는 Long-Covid라는 이름으로 여전히 각자의 기억 속에서 다르게 자리 잡고 있다. 당시 박사 과정을 막 시작한 나는 매일 증가하는 사망자 수와 감염자 수를 중심으로 보도하는 미디어 뉴스들을 접하면서 내 안의 두려움과 정신적 피로감이 점점 더 고조되고 있음을 느꼈다. 특히 전 세계로 번져 가는 바이러스 상황들은 수많은 생명을 무기력하게도 앗아 가고 있었고, 이러한 상황 속에서 한 인간으로서 무기력을 체험하고 있었다. 이 에피소드에서는 4개월의 봉쇄 기간 동안[1] 스스로를 지키기 위해 어떤 노력들을 하였는지, 그리고 1학년의 시작과 동시에 영국에서 펜데믹을 겪어야 했던 박사

---

[1] 4개월의 시간을 이 에피소드에 집중적으로 기록하는 이유는 이 시기가 내 인생에서 가장 정신적으로 관리하기 힘든 외부적 상황이었고(사회 환경적 외부적 상황이 한 주체의 내부적 감정과 정서적 불안에 영향을 미칠 수 있다는 가설은 공중보건 정신 건강 측면에서 사회학적 접근 방식으로 널리 사용되고 있다 (James, 1989; Lupton, 1998)), 이는 몸의 변화(몸무게가 7~8킬로그램 증가됨)와 공부에 대한 집중도 현저히 떨어질 수밖에 없었다. 해서, 한편으로는 이 시기에 정서적 관리 방법을 가장 다양하게 시도해 볼 수 있었지 않았나 생각한다.

초기 과정에서의 고군분투를 묘사하고자 한다.

통상적으로 영국의 대학 교육 과정은 9월이나 10월에 1학기가 시작되고, 2학기는 1월에 시작되어 3월 말에 종료된다. 영국 박사 과정 시작 단계에서 중요한 세 가지 사항들을 꼽는다면, 첫 번째로 해당 학교의 행정 시스템에 익숙해지는 것, 두 번째로 생활 속 조언들을 사교 활동을 통해 알아 가는 것, 그리고 세 번째로 생활 면에서 내가 살아갈 도시에 대해 알아가는 것 등이 있다. 하지만 나는 1학년의 2학기(나에게는 첫 학기)[2]가 종료되는 시점에서 펜데믹 봉쇄를 맞이한 셈이라 이 세 가지 모두에게 익숙해지기 전이었다.

사실 돌이켜 보면, 박사 과정 초기(1학년)는 긴 시간(짧게는 3년, 길게는 6년) 연구와 공부 그리고 수많은 불안들과 씨름할 나에게 힘이 되어 줄 동료 연구자들을 알아 갈 수 있는 인적 네트워크 자산 형성의 절호의 기회이자 시간이다. 하지만 아쉽게도, 나의 경우에는 비슷한 시기 박사 과정을 시작한 동기들과 교류할 기회를 충분히 가지지 못했었고, 여전히 아쉬움으로 남는다. 또한, 한국의 빠른 행정 시스템과 비교하자면 영국의 행정 시스템은 대체로 느린 편인데, 첫 코로나19 봉쇄령 상황에서 영국 정부의 갑작

---

2 영국의 박사 과정은 미국과는 달리 코스워크 과정이 없지만, 박사 과정에서 필요한 수업은 개별적으로 강사 또는 교수(Convener or Lecturer)에게 연락해서 수강 신청을 할 수가 있다. 나의 경우는 지도 교수님의 권고 사항에 따라 수업을 신청해서 들었다.

스럽고 강력한 봉쇄령 통보는 모두를 당황케 하였고, 학교에서도 이 불확실한 상황에 어떻게 대처해야 할 것인지에 대한 신속하고 정확한 방향성을 학생들에게 제시하지 못했다. 따라서 재학생들은 나름대로 각자도생의 길을 찾아야 했고, 긴 터널 같은 암울한 현실 속에서 빠져나갈 도리를 못 찾은 채 스스로를 두려움의 늪에 방치하는 지경에 이르렀다.

재학생들 모두가 나름의 각자도생의 길을 찾아야만 했고, 이러한 암울한 현실 속 이 터널을 언제 어떻게 빠져나갈 수 있을지에 대해 알 수 없는 두려움의 늪에 스스로를 방치하기에 충분했다. 이러한 이유로 이 에피소드에서는 강력한 외부적 위기 상황 속에서도 스스로 정신 건강을 보호하기 위해 부단히 애써 온 나만의 다섯 가지 내부적(정서적, 정신적) 요인 관리 방법들을 공유하고자 한다.

첫째, 외부로부터 오는 부정적 정보 및 자극 통제하기

불안한 정신 건강을 스스로 지키기 위한 첫 번째 시도는 실시간 뉴스를 확인하는 빈도를 매 순간 확인하기보다는 이틀에 한 번 혹은 사흘에 한 번으로 줄이는 노력이었다. 암울한 뉴스에 대한 노출 빈도를 줄이는 것은 스스로를 지키기 위한 첫 번째 규칙이었다. 사실, 당시에는 비단 뉴스뿐만 아니라 주변 지인으로부터 전달되는 문자나 소셜 미디어를 통해 간접 노출되는 정보들도 나의 정신 건강에 영향을 미칠 수 있다는 걸 알게 되었는데, 이들 정보들은 극한의 상황에서 스스로를 지키는 데 아무런 도움이 되지 않는 경우가 다반사였다. 해서, 부정적 뉴스를 전달하는 지인들과 연락상 거리를 두거나 암울한 뉴스를 전달하지 말아 달라고 조언하기도 했다. 또한 소셜 미디어에 올라오는 뉴스들을 소비하는 습관을 줄이기 위해 부정적이거나 암울한 뉴스를 자주 올리는 지인들을 기능적으로(인스타그램의 경우, '스토리 숨기기'와 같은 기능) 멀리하는 선택을 했던 것 같다. 이 첫 번째 노력은 스스로 정신 건강을 보호하기 위한 직간접적 외부 요인을 통제하는 것이라 볼 수 있다.

둘째, 창의적 몰입을 통한 또 다른 성취감 느끼기

두 번째 시도는 정서적 안정감을 주기 위해 박사 과정 공부 이외의 어느 한 분야에 몰입 및 집중하는 것이었다. 이런 측면에서 나는 봉쇄 기간 동안 '그림 그리기'를 시작했는데, 정확히 말하자면 정해진 숫자에 정해진 색을 칠하는 색칠 공부와 다름없었지만, 하나둘 완성되어 가는 그림들은 나름의 성취감을 안겨 주며 도움을 주었다. 결과적으로 스스로 기분 전환을 위한 5개의 그림(개구리, 고양이, 사슴, 사슴, 사자)이 완성되었다(아래 그림 참고). 특히, 영국의 봉쇄 기간은 생활필수품을 구매하는 것 이외에는 외출이 금지됐기 때문에 혼자 할 수 있는 실내 취미 생활이 매우 중요했다. 이런 면에서 그림 그리기는 규칙적으로 무언가를 해내야 하는 목표를 세우고, 박사 과정에서 지속적이고 반복되는 일상 속 정서적 무기력을 극복하기 위해 노력의 일환이 될 수 있었다. 무기력함은 해외 박사 과정 속에서 연구의 생산성과 일상생활의 규칙성을 방해하는 데도 큰 영향을 미칠 수 있기 때문에 나에게 정기적인 그림 그리기는 펜데믹의 외부적 상황들이 내부의 정서적 불안을 극대화하는 상황을 막기 위해 만들어진 독자적 장치였던 셈이고, 작용했다. 이를 통해 타인의 도움 없이도 스스로 조금이나마 정서적 안정을 관리하는 데 도움을 얻을 수 있었던 것 같다. 이러한 독자적 정서 관리 전략은 오랜 시간 박사 과정을 개척해 나가기 위해 매우 중요한 요소가 될 수 있기 때문에 박사 과정 마지막 단계보다는 조금은 더 여유가 있을 수 있는 초기 단계에 만들어 갈 것을 권고하고 싶다.

공부하는 개구리   스코틀랜드 사슴   미완성 부자 고양이

현대적 사슴   늠름하게 사자처럼   완성된 부자 고양이

셋째, 목소리 녹음을 통한 나의 마음 상태 점검하기

세 번째 시도는 노래를 녹음하는 것이었다. 물론 음악을 듣는 것도 정서를 관리하는 데에 좋은 방법이지만, 노래를 직접 함으로써 소리를 표현하는 것 역시 자신의 호흡과 감정, 몸과 마음의 상태를 확인시켜 주는 좋은 전략이다. 음악을 듣는 것도 정서

적 상태를 관리할 수 있지만, 노래를 통해 소리를 표현하는 일에 집중하다 보면 자신의 호흡과 감정 등의 몸과 마음 상태를 확인할 수가 있다. 특히, 20대 초반부터 목소리를 분석하는 일에 대한 전문적인 훈련을 받아 왔던 터라 녹음된 목소리를 통한 감정 상태를 확인하는 일은 나에게 수월한 일이었다. 기본적인 방법은 내가 좋아하는 노래를 선정하고, 그 노래를 핸드폰으로 녹음하고, 녹음된 소리를 다시 들어 보면서 교정을 해 가는 것인데, 이러한 방식을 반복하면서 정서적 상태를 안정시킬 수 있다.

때때로 나는 잘 녹음된 노래를 지인들에게 공유하기도 했었지만, 노래를 부를 때 제1의 청자는 바로 '나 자신'이라는 것을 알았기에 나 자신에게 진솔하게, 스스로 만족할 만큼 녹음을 시도했다. 그러다 보면 어느새 나도 모르게 몰입의 경지에 올라 시간 가는 줄 모르고 즐기고 있는 경우가 종종 있었다. 통상적으로 알려진 것처럼 음악 치료는 정신 건강 및 정서 관리에 도움이 되는 중요한 연습이다. 음악 치료는 정신 건강 및 정서 관리 측면에서도 널리 알려진 중요한 연습이다. 여기서 중요한 것은 자신의 목소리를 녹음하는 것과 녹음된 목소리를 분석하는 능력인데, 반드시 전문가가 아니더라도 녹음된 소리를 계속해서 들어 보고 교정하는 과정을 반복하는 것은 자신을 알아 가고, 내면을 관리하는 좋은 방법이 될 수 있다.

넷째, 스코틀랜드의 다양한 공원 체험하기

네 번째 시도는 경험해 보지 않은, 작지만 새로운 시도들을 정기적으로 실천하는 것이었다. 앞서 말한 바와 같이 영국의 봉쇄 기간은 집 밖에서는 장보기 또는 제한적 산책 이외에는 할 수 있는 일이 없었고, 지인을 만나는 것도 지정된 사람 이외에 만나는 것이 제한되었다. 또한, 밖에 나가면 사람들과의 간접적 접촉으로 코로나19 바이러스 감염에 쉽게 노출될 수 있었기 때문에 백신이 나오기 전까지는 마스크를 착용해도 사람들과의 대면 만남을 시도하는 것이 편안하진 않았다. 특히, 나의 경험에 한정해서 언급하는 말이지만, 소위 집단 및 공동체 문화가 강한 친구들은 영국의 봉쇄 기간 대면 교류를 제한하는 상황들을 매우 힘들어했고, 따라서 몇몇은 공동의 규칙을 어기고 모임을 주도하는 모습을 관찰할 수 있었다. 이 당시, 나는 그들이 초기 코로나19 시기에 먼저 감염됐다는 소식을 문자를 통해 접할 수 있었고, 이런 주변의 감염 상황 또한 대면 만남을 꺼리게 만든 요소로 작용했다. 하지만 대면 상호 작용은 우리의 정신 건강을 위해 매우 중요한 요소이다. 특히나 정서적·문화적 공감대를 형성하는 가족과 친구들이 부족한 영국에서 나 스스로의 기분 전환 요소들을 다양하게 보유하고 있는 것은 정신 건강 관리 측면에서 중요한 무기를 가지고 있는 것과 같다. 이러한 이유로 네 번째 시도는 스코틀랜드 글래스고 도시 주변에 있는 다양한 공원들을 정기적으로 다르게 방문하는 것이었다. 코로나19 상황에서는 대중교통도 이용하지 않고, 오로지 걷기와 공유 자전거 타기로 공원 산책을 시도했었다. 이러한 다양한 공원 방문 시도를 통해, 첫 번째로 해보지 않은 공간을 방문함으로써 길을 찾는 일에 대한 성취감을 느낄 수 있었고, 두 번째로 대면 만남이 극히 제한된 상황에서 사람 또는 어떠한 생명체와의 대면적 교류가 그리웠는데, 지나가는 개(하나의 생명체)를 관찰하는 것만으로도 마음의 위안을 얻을 정도였던 것 같다. 정리하자면, 박사 과정에서 정신 건강을 관리하는 일은 개개인의 성향, 기호, 성찰 방식이 다르듯이, 자신만의 방법들을 모색해야 일종의 의식적(ritual) 수행과 같다. 이는 서로 다른 행위를 통해 스스로 정신 건강을 위한 의미를 부여할 힘이 존재할 수 있음을 독자들이 어떤 어려운 상황에서도 기억했으면 한다.

The Victoria Park

The Kelvingrove Park

Pollok Country Park

TheLittleton Reservoir

The Kelvin River

The Green Park

The Glasgow Port

The Culzean Castle

다섯째, 비슷한 상황에 처한 사람들과 온라인 연대감 형성하기

다섯 번째 시도는 나와 비슷한 감정 상태를 공유할 수 있는 공동체 모임을 찾는 것이었다. 이는 주변에 도움을 간접적으로 요청하는 것과 같은 행동이라고 볼 수 있는데, 이 기간 동안 나는 정신 건강 온라인 프로그램에 등록해서 스스로의 정신 건강을 체크하기 위한 자격증을 취득했고, 정신 건강상의 문제가 있을 경우 증상들을 기록해서 스스로의 상태를 자가 진단 할 수 있는 귀한 경험을 가질 수 있었다.

또한 온라인 동료 멘토-멘티 프로그램에 등록해서 나와 비슷한 처지의 동료를 찾고 상호 간의 정기적 온라인 루틴을 만들어서 불확실성에 대한 불안들을 공유할 수 있었다. 비록 온라인상이지만 동료들과의 연대는 무언의 안도감을 느끼게 해 줬다. '나만 이런 불안을 느끼는 것이 아니다' 그리고 '나는 지극히 정상이구나'라는 신호를 주고받는 과정은 스스로를 이해할 수 있는 또 다른 창(또는 거울)의 역할을 수행해 주었다. 실제로, 정신 건강 치료의 방식으로써 비슷한 처지의 동료와의 온·오프라인 사회적 교류를 통한 심리 치료는 널리 활용되는 방법이기에(Cooley, 1902; Mead, 1934) 독자들도 적극적으로 다양한 방식의 정신 건강 관리 채널을 독립적으로 또는 상호적으로 구축해 갔으면 좋겠다.

돌이켜 보면, 100여 일 남짓한 영국 내 완전한 봉쇄 속 정신 건강 관리를 위한 제시된 다섯 가지 노력들은 자신과 대화하는 법을 익히려는 주체적인 노력들이라 볼 수 있다. 이 여정은 혼자만의 전투적 모험이었지만, 그 여정 속에 만나는 우연한 인연들이 '나는 혼자가 아니다'라는 신호로 다가와 주었고 우리는 길고 더딘, 그리고 지치는 터널을 함께 지나는 상호 연대의 관계를 형성해 온 것 같다. 영국 박사 과정은 스스로를 어떻게 돌봐야 하는지, 어떻게 자신과 대화를 시도해야 하는지를 끊임없이 확인하고 관리해 가야 하는 중요한 시기이기도 하다. 따라서 스스로를 이롭게, 올바르게 사랑하고 돌봐야 하는 일을 매 순간 개척하고 발전시켜야 한다고 생각한다. 이는 학위 과정뿐만 아니라 한 인간이 불안과 함께 성장해 가는 새로운 자아의 재발견 시간이기도 하다. 다시 말해, 불안을 외면하지 않고, 불안을 곁에서 조절하고, 비슷한 처지의 불안을 동료들을 통해 접하는 것 그리고 우리는 모두 서로 다른 속도와 강도로 그 불안들을 관리해야 가야 한다는 것(즉, 타인의 불안을 판단하지 않고, 비교하지 않는 것)이 매우 중요한 점이라 할 수 있다. 나의 박사 과정 초반의 정신 건강 노력들이 4년간의 영국에서의 시간 속 우여곡절들을 무난히 지날 수 있도록 도왔기에 이 에피소드가 독자들에게도 자신만의 정신 건강 동력들을, 소박하지만 창의적으로 마련해 갈 수 있기를 희망한다.

둘.
인섭의 이야기

박사 과정 아무개가 시련을 겪는다면
그것을 극복하는 것은 늘 인간 아무개일 것이다

그제의 천재이자 어제의 바보, 오늘의 환자가 되다

다행히도 이것은 극복된 것에 대한 기억이다. 박사 과정 공부를 시작한 지 만 2년 반 정도가 지난 시점이었던 2022년 8월, 나는 'Writing-up'이라고 불리는, 한국 대학에서 흔히 말하는 '논문 작성 학기'에 준하는 단계로 승급하기 위한 준비를 시작했다. 박사 과정 시작과 동시에 코로나19 바이러스 창궐과 더불어 영원히 미뤄질 것만 같았던 이태원에서의 현장 인터뷰들을 우여곡절 끝에 마친 것이 2022년 7월, 즉 불과 한 달여 전의 일이었다. 대개는 데이터 분석을 위해 1년을 통째로 할애하는 것이 일반적이나, 내 경우는 절대적으로 시간이 부족하게 느껴졌다. 한편으로는 잘 해낼 자신이 있다가도 없어졌고, 다른 한편으로는 없다가도 생겼다. 어떤 날은 수집한 데이터를 쭉 훑어보고서는 잃어버렸던(있지도 않았지만) 천재성이라도 되찾은 것처럼 홀가분한 기분으로 마음으로 잠에 들었다. 모든 것이 내가 예상했던 것과 다르지 않아 보였고, 마음만 먹으면 반년 안에도 학위 논문을 제출할 수 있겠거니 생각했었다. 하지만 대부분의 일들이 그러하듯 이상하게도 쉬워 보이는 일들은 이내 어려움으로 드러난다. 나의 연구도 예외가 아니었고, 기분 좋게 잠드는 밤과 자괴감에 절어 책상으로 향하는 아침이 번갈아 가면서 네다섯 달 동안 나를 괴롭혔다.

한국의 대학원에 갔다면 괜찮았을까? 첫 2년여 동안 잡생각이라 치부하며 외면했던 이 고민이 이제는 온갖 감정을 동원해 나를 뒤흔들었다. 한국에서라면 다 같이 모여 수업도 듣고, 과제물도 같이 제출하고, 세미나도 함께 진행하고, 공식적이든 비공식적이든 박사 과정 동료들 간 단합 대회도 간간이 진행할 수 있다는 이야기를 들었던지라 외국에 혼자서 고군분투하는 나로서는 부럽지 않을 수 없었다. 물론, 한국에서의 박사 과정에 도사리고 있다는 선후배 간의 팍팍한 위계질서, 오묘한 군기 문화, 권력 싸움 등 몇몇 부작용들에 대한 이야기를 못 들어 본 것은 아니었다.

하지만, 적어도 나의 연구와 관련하여 같은 언어와 관점을 가지고 허심탄회하게 이야기를 나눌 동료를 조금은 더 쉽게 찾을 수 있을 것이라는 예측과, 조금 심술궂은 마음으로는 누구나 나와 비슷한 어려움을 겪고 있다는 것을 내 눈으로 직접 볼 수 있겠다는 점은 내심 큰 위안이 될 것 같았다. 반면, 영국에서 박사 과정은 어쩌면 위와 같은 상황들을 기대할 수 없는, 모든 것을 홀로 감내하고 극복해 내는 것이 당연시되는 문화에 갑자기 내던져지는 것과 같다. 다시 말해, 영국에서의 박사 과정은 독립적인 연구자로서 자존심을 구축하는 과정 같으면서도 어느 한곳에도 제대로 소속되지 않는 주변인적 존재로서 4년, 혹은 그보다 긴 시간을 버티는 과정이었다. 어찌 보면 이런 환경은 이방인이 타지에서 몸과 마음이 아프기 딱 좋은 환경인 것이다.

불행은 일시불로 찾아온다

같은 해인 2022년 말 어느 저녁, 갑자기 아랫배와 옆구리, 허리 언저리가 심상치 않게 쿡쿡 쑤셨다. 이 통증은 오랫동안 책상머리에 비스듬히 앉아 생기던 만성적인 불편함과는 차원이 다르다는 것이 확연하게 느껴졌다. 서둘러 GP[3]에 다녀온 뒤 식탁에 앉은 나는 암과 관련된 검사를 시행해야 한다는 사실을 알게 되었다. 됐다. 이 사실을 듣는 순간, 나는 만으로 세 살이 갓 넘은 아이를 앞에 두고서 아무 말을 할 수 없는 상태가 되었다. 결론부터 말하자면, 다행히 검사 결과는 나쁘지 않았지만 그때 느꼈던 죽음에 대한 공포, 남겨질 가족에 대한 걱정이 워낙 강력했던 탓인지, 그 이후로 나는 스스로의 삶을 망가뜨리는 관점들에 사로잡히기 시작했다.

박사 과정 3년 차에 접어들었던 2023년 봄, 마음을 다잡고 학위 논문의 개요를 수정하는 중, 이미 십수 년 동안 봐 왔던 검지 손톱의 검은 줄이 내내 신경 쓰이기 시작했고, 결국 그날 저녁 한국으로 돌아가 손톱을 조직검사에 부쳤다. 다행히도, 이는 단순한 색소 침착이라는 결과를 통보받았다. 하지만 3일 후, 잠깐의 안도가 무색하게 왼쪽 가슴에 찌르는 듯한 통증을 느끼고서 다시 덜컥 겁이 났다. 기어이 이런저런 관련 검사를 받기 위해 병원 로비에서 앉아 대기하던 중, 숨이 막혀 오는 느낌에 가슴을 부여잡고 바닥에 엎어졌다. 앰뷸런스를 타고 도착한 응급실에선 몇 가지 검사를 시행한 뒤 달리 취할 조치가 없다고 했지만, 원인을 알 수 없는 이 통증에 대한 공포감은 내내 떨쳐지지 않았다. 이

---

3 General Practitioner의 약자로, 영국 건강보험제도인 NHS를 통해 지역 거주민에게 기본적인 의료서비스를 제공하는 가정의학 전문의를 뜻한다. X-RAY 촬영, 심전도 검사, 초음파 검진 등 한국에서는 소규모 의원에서도 심심찮게 실시되는 각종 검사들은 GP에서 실시할 수 없는 경우가 대다수이며, 인근 종합병원 혹은 대학병원에의 Referral(의뢰)을 통해서만 가능하다. 다만, 필자의 경우처럼 응급 상황으로 판단될 시 응급실에서 관련 검사를 받을 수 있도록 응급의뢰서를 작성해 주기도 한다.

런 와중에 아이러니하게도 나 자신이 '언제 잘못될지 모른다'는 생각을 하니 택시비가 아깝게 느껴져 지하철을 타고 집에 돌아왔다. 성인이 된 이래 돈보다 시간을 중시하며 학업, 커리어, 효율 따위를 따지곤 했는데, 이런 게 다 무슨 소용이었나 싶었다.

그 이후, 나의 몸에 대한 걱정들은 사나흘 동안 자신에게 심각한 병이 있기를 바라기라도 하듯, 여러 번의 채혈, X-RAY 촬영, 심전도 검사, 심장 초음파 촬영을 기어이 받아냈다. 검사 결과, 실제로 기대 수명이 마흔이 채 안 될 수도 있는 것으로 알려진 유전 질환이 있을 가능성이 높다는 사실을 발견했다(2024년 9월, 나는 이 유전 질환에 확진을 받게 된다). '혈관 안에 폭탄이 돌아다닌다'는 식의 표현들을 접하고는 두려움 때문에 잠을 잘 수가 없었다. 늘 누구보다 자랑스럽고 감사한 부모님을 처음으로 원망하는 마음이 들었고, 아내를 만나 아이를 가진 것 외에 내가 인생에서 해 왔던 모든 일들을 후회하기 시작했다. 뒤돌아 생각해 보면 우습지만, 그 당시에는 영국에 있는 아이 얼굴만은 보고 가야겠다는 생각 하나로 질식감에 사로잡힐 때마다 종이 봉투를 입에 대고 숨을 쉬며 16시간의 비행을 이겨 내고 영국으로 돌아왔다. 또한, '혹시 이 질환이 아이에게도 유전되었을까?' 하는 걱정에 사로잡혀 몇 주를 보내는 와중 얼굴이 마비되고, 몸이 한쪽으로 기우는 등 온갖 일들을 영국에서 겪어 내며, 결국 뇌종양 발생 여부까지 점검하는 지경에 이르게 되었다.

행복을 할부로 돌려받기

하지만 그렇다고 해서 명확하게 진단되지도 않은, 아직은 '걱정병'밖에는 되지 않았던 것 때문에 홀로 벌벌 떨기만 하면서 박사 과정을 보낼 수는 없는 노릇이었다. 갈 때 가더라도, 무기력하게 아파하고 걱정만 하다가 없어져 버린 아빠보다는 진득하고도 소중한 시간을 함께 보내다 떠난 아빠로 아이에게 남고 싶었다. 무엇보다 나는 아이에게 왜 이 머나먼 땅에서, 방학이 오면 다들 떠나는 '대디 카 (Daddy Car)' 여행을 한 번도 못 가고 살아가고 있는지에 대해 설명을 해 줘야 했다. 당연히, 그 이유는 '아빠가 아파서'가 아니라, 무엇이든 '해내느라'가 되는 것이 나았다. 이러한 이유로, 살면서 생각해 온 무수히 많은 결심들 중 아래 3가지를 정말 처절하게 믿고 오랜 기간에 걸쳐 나 자신의 건강과 주변의 안녕을 돌보기로 결심했다.

첫째, '노력은 배신하지 않는다'는 말을 믿고, 라이프 스타일을 송두리째 뜯어고쳤다. 평소에 좋아하던 술, 담배, 커피, 탄수화물, 심지어는 고기까지 끊어 버린 뒤, 소셜 미디어상의 인플루언서(Influencers)들이나 먹는 거라며 불신해 왔던 소위 '건강식'을 챙기기 시작했다. 이렇게 해서 실제로 건강이 좋아졌는지는 확실치 않지만, 두 달 사이 체중이 10kg 이상 감소하면서 공부를 시작하기 이전의 실루엣을 되찾을 수 있었다는 점은 상당히 기분이 좋았다. 그리고 혹여나 갑작스럽게 쓰러질 수 있는 상황을 대비해서 여러 장치들을 마련했다. 빠르지만 인적이 드물었던 기존의 출근길 대신 조금 더 걸어야 하지만 유동 인구가 많은 대로변으로 다니기 시작했다. 무언가 잘못될 가능성을 조금이라도 줄이고, 설령 그런 일이 일어난다고 해도 누구 한 명쯤 나를 구해줄 수 있을 것이라는 믿음을 갖고 나니 불안감이 많이 덜어졌다. 그럼에도 불구하고 일어날 일들에 대해서는 겸허한 마음으로 받아들여야겠다고 생각하고 나니 나의 무한한 걱정과 불안들은 조금은 수그러들었다. 의료적 진단이 어찌 되었든 나 스스로에게 최선을 다하고 있다는 믿음들은 나를 조금씩 강하게 만들었다. 이 얼마나 강력한 마법인가?

둘째, '멈춰야 비로소 보인다'는 말을 믿고 완전무결, 기약 없는 '안식기'에 돌입하여 급하지도 않은 일에는 굳이 서두르지 않겠다고 마음먹었다. 돌이켜 보니 장장 네다섯 달 동안 나를 괴롭혔던 자기 의심의 고뇌에도 불구하고 결국 Writing-up 단계로의 진입은 남들보다 늦지도, 빠르지도 않게, 그저 딱 적당한 시기에, 정해져 있던 시간표에 맞게 이루어졌다. 그러니 몸과 마음이 상했던 것은 나에게 주어진 일의 어려움 그 자체가 아니라, 그 어려움을 대하는 나의 조급한 태도였음을 인정하게 된 셈이다. 주어진 시간 안에 해야 할 일들을 해내는 것은 내 삶을 이끌어 온 원리였지만, 그 정시성이 절대 건강하고 행복한 삶보다 우선적으로 추구되어야 할 가치는 아니라는 것을 건강과 행복을 잃을 위기에 처하고 나서야 깨달은 것이다. 더군다나, 잠시 멈춰 서 보니 내 손에 있는 대부분의 문제들은 서두른다고 잘 풀릴 것도, 늦는다고 영영 해결되지 못할 것도 아니지 않은가. 고맙게도 이 '완전무결한 안식기'가 너무 길어지기 전에 나의 몸과 마음은 제 자리로 돌아와 주었다.

셋째, 가수 요조가 모처에서 던진 너무나도 현실적인 은유-메타포(Metaphor), '오늘 마실 아메리카노를 내일로 미루지 말자'를 여러 번 곱씹어 보고선 삶의 우선순위를 과감하게 바꾸기 시작했다. 우선, 쉽게 달성되지 못할 커다란 목표들에 매달리는 대신 매일매일 짧은 시간 안에 완수가 가능한 미션들을 찾아 '소소하지만 확실한 행복'을 찾으려고 노력했다. 엄청난 요행이 있지 않는 한 적어도 몇 년, 혹은 수십 년이 걸릴지도 모를 학위 취득과 평생 직장으로의 취업, 그리고 '내 집 마련' 등을 생각하는 대신 흙탕물을 뒤집어쓴 흰색 운동화를 깨끗하게 닦고, 집 구석구석 자리한 곰팡이를 닦아 내고, 주름진 옷들을 잘 다리고, 내 가족이 먹을 과일 주스와 도넛, 케이크를 직접 만들었고, 엄청난 속도로 말이 늘어 가는 아이와 얼렁뚱땅하는 식의 만담을 더 자주 나눴다. 크기도, 모양도 알 수 없거니와, '가능 여부'도 아닌 '예약 가능 여부'마저 불확실한 훗날의 행복을 위해 소박하지만 원초적인 이 일상의 즐거움들을 포기하는 것은 애당초 하늘에 대고 '제발 병을 내려 주십시오' 하며 기도하는 꼴이었다고 생각해 보니 '잘되어야 할 이유'들의 부담을 조금은 덜어 내고 '잘되지 않아도 괜찮을 이유'들에 더 집중하며 하루하루를 감사히 살 수 있게 됐다.

고맙고 사랑스러운 유민

행복의 위계

Ph. D.라는 호칭은 Doctor of Philosophy의 준말이고, 여기에서 Philosophy는 끊임없이 이어지는 '어떻게'에 대한 질문에 답하는 과정일 것이다. 새로운 지식을 '어떻게' 생산해 낼 것인가에 대한 첨예한 고민의 여부가 박사와 박사가 아닌 사람을 나누는 절대적인 기준인 셈이다. 이런 점에서 어쩌면, 박사가 된다는 것은 종교에서 흔히 이야기하는 영생, 혹은 열반을 달성하는 것, 또는 소림사의 승려들이 '공부(功夫: 쿵푸)'에 정진하며 매일같이 신체를 단련하는 것과도 일맥상통한다는 생각을 하게 됐다. 나에게 있어 박사 과정에 재학한 지난 4년의 시간, 특히 그 마지막 한 해는 단순히 지식의 생산, 진리의 탐구 같은 개살구의 수확에 나를 멈춰 세우지 않고, 훨씬 더 본질적이고 심오한 깨달음의 기회를 주었다고 믿는다.

적절한 비유인지 모르겠지만 많은 사람들이 매슬로우의 '욕구 피라미드[4]'에 대해 알고 있을 것이다. 나는 행복에도 모종의 위계가 있다고 믿게 됐다. 한 인간으로서의 행복은 박사 과정 재학생

---

4 미국의 철학·심리학자 에이브러햄 매슬로우(Abraham Harold Maslow, 1908-1970)는 욕구단계설 (Hierarchy of needs)을 통해 인간이 지닌 욕구를 가장 기본적인 단계에서부터 고차원적인 단계까지 생리적 욕구, 안전 욕구, 애정 및 소속 욕구, 존중 욕구 그리고 자아실현 욕구로 구분하여 설명한다. 그의 이론에 의하면 인간은 낮은 단계의 욕구가 충족될 때 그보다 한 단계 높은 층위의 욕구를 추구한다.

으로서 느낄 수 있는 행복의 든든한 기반이 되지만, 역으로 박사 과정생으로서 행복은 한 인간으로서 순수한 행복으로 치환될 수 없다는 것이 내 나름의 결론이 되었다. 짧다면 짧고 길다면 긴 내적 다툼의 과정 속에서 박사가 되기 위해 보내는 이 강렬한 시간이 값지게 다가오는 이유는 역설적이게도, 그것이 내 인생에서 갖는 의미가 그렇게 크지도, 작지도 않은 것이기 때문이며, 그것이 나에게 제시해 주는 것은 삶의 무수히 많은 방식 중 단 하나일 뿐이라는 것을 이제는 인정하기 때문이다. 이 글을 읽는 독자들에게 나의 글이 막연하고 피상적인 '영국 박사 과정의 삶'이 아닌, '영국 박사 과정으로서 당신의 삶'을 부디 살펴 주기를 당부하는 것도 이 때문이다.

셋.
선우의 이야기

어리바리 한국 유학생의 멘탈 부여잡기
: 공간과 관계의 탈-네트워킹, 재-네트워킹

"뭐야, 선진국이라고 해서 기대하고 왔더니만 제대로 처리되는 게 하나도 없어!"

석사 시절, 한 한국인 친구는 불평을 터뜨리기도 했다. 그는 선진국인 영국에서의 삶이 한국보다 모든 면에서 우수할 것이라고 막연히 기대하고 왔지만 학교 행정 업무 처리는 느리고, 일상생활 속에서도 대부분의 일 처리가 속도 면에서나 결과 면에서나 만족스럽지 않게 느껴졌다. 여러 면에서 영국의 삶은 가히 한국과 달랐다. 한국 도시의 밤은 연중무휴 24시간 내내 가게들의 밝은 LED 불빛으로 휘황찬란하게 빛나고, 늦은 시간에도 음식은 빠르게 배달되며, 그 맛은 고생한 하루의 스트레스를 잊게 할 정도로 혀를 강렬하게 자극한다. 핸드폰만 있으면 많은 일들이 한밤중에라도 시공간의 제약 없이 엄지 하나로 쉽게 처리된다. 더러는 과잉인 이런 감각적 자극에 익숙한 '빨리빨리' 민족인 우리에게 이제는 그렇지 않은 곳에서 살려고 하니 한국적인 맛이 적은 영국의 삶은 너무 밋밋하고 단조로우며, 따분하기까지 하다.

일상의 감각적 경험의 차이 말고도 영국에서의 삶은 다방면에서 고려할 것이 정말로 많다. 학문적으로는 영어권 해외에서 석박사 과정은 익숙지 않은 서양의 학문을 철학적으로 이해해야만 '기본은 한다'고 평가받는 분위기 속에서 모국어가 아닌 영어라는 언어로 수많은 독서와 글쓰기를 해내야 하는 압박감과 싸우는 일이다. 경제적으로도, 비싼 월세[5]와 그보다 훨씬 더 비싼 학비를 지출해야 하는 부담을 최소 3년 혹은 4년이라는 시간 동안을 감당해야 한다. 또한 영국은 특유의 사계절 내내 구름과 안개가 자욱한 우중충한 날씨와 11월부터 시작되는 해가 일찍 저무는 긴 겨울밤의 암울함[6]으로 인해 유학생들이 의욕을 잃고 쉽게 우울해지기도 한다.

학문의 세계에 몰입하다 보면 점점 더 얕아지는 인간관계와 소셜 미디어 속 전시되어 있는 한국 지인들의 밝은 모습들이 대

5　런던 3-4존에서 괜찮은 컨디션의 하우스 셰어 가격은 한 달에 800-900 파운드 정도로, 현재 기준(1파운드- 1,800원) 144-162만 원이다. 2024년 11월 기준.

6　오후 4시가 되면 어두컴컴해지는 영국의 겨울은 모두에게 우울한 감정을 들게 만듭니다.

비되어 때로는 나 자신을 한없이 초라하게 만들기도 한다. 이런 생각들은 나 자신에게 '왜 내가 굳이 영국으로 유학을 왔을까?'라고 자문하게 만들며, 후회를 느끼는 순간도 적지 않다. 그렇지만 이런 막막함, 우울함, 후회 같은 부정적인 감정들이 영국 박사 생활의 전부는 아니다. 나의 경우에 이 어두움은 오히려 동전의 양면처럼 적용될 수 있었다. 왜냐하면 영국에서의 삶은 한국 사회의 치열한 경쟁 문화에서 비롯된 당연한 번아웃과 다른 풍경을 지니고 있었고, 한국 사회에서 이미 물들어진 내 모습을 이방인의 모습으로 또는 제3자의 눈으로 관찰해 볼 계기를 마련해 주었기 때문이다. 아마도 첫 번째 석사 시절, 영국에서 체류한 지 4개월 즈음 어느 날이었던 것 같다. 특별한 이유가 있는 것 같지는 않은데 무기력해지는 나를 발견했을 때, 나 스스로를 깊이 들여다봤던 것 같다. 왜 힘이 들까? 무엇이 나를 힘들게 하는 것일까? 사소하게는 '혹시 영국 음식이 입에 맞지 않아서 내가 지금 힘든 것일까?'부터 '내가 당연하게 누렸던 것들이 정말 당연한 것인가? 앞으로 무엇을 지향해야 할 것인가?'라는 질문을 스스로 던져 봤다.

나는 여러 차원의 안과 밖의 경계에서 그 해답을 찾았다. 다양한 층위의 안과 밖에 대한 관심은 영국 생활 중 나의 몸과 정신을 피폐하게 하는 요인을 이해하는 데 큰 도움을 주었다. 그렇기에 각자 어떤 상황에 놓여 있든 나는 이것이 한 가지 근본적인 질문으로 응축될 수 있다고 생각한다. 내가 몸담고 있는 이 물질적, 공간적, 정신적 영역의 안과 밖을 면밀히 들여다봄으로써 '우리'라는 연결 고리를 유지 혹은 단절시키는 행위자들을 발견하는 과정이 필요하다는 것이다. 해서, 이 에피소드에서는 영국에서 박사 과정 중인 이방인 선우가 정신적·신체적 건강 측면에서 스스로를 관리하는 방법에 대해 고민해 온 전략들을 공유해 보고자 한다.

연결의 부재: 정해진 삶으로부터 해방

숨 가쁜 영국 석사 생활을 지나 박사생의 삶이 시작되었을 때 느낀 가장 큰 변화는 정해진 틀이 없는 삶에서 오는 설렘과 막막함이라는 양가적 감정이었다. 대학원 커리큘럼을 보면 박사 과정은 별도의 정해진 시간표가 없었고, 자신이 원하는 수업을 청강할 수도 있지만, 본인의 연구에 유용한지를 판단하는 것은 오롯이 본인의 몫이었다. 또 과의 동기, 선배나 후배를 만날 공식적인 기회도 많지 않다. 대부분의 시간은 홀로 자신의 연구와 관련된 책을 보고 혼자 글을 쓰는 시간으로 채워진다. 연구뿐만 아니라 일상의 매 순간도 스스로 선택해야 한다. 초등학교 때부터 '정해진 길을 따라 걷는 것이 익숙했는데, 갑자기 스스로 찾고 스스로 만들어 내야 하는 삶을 요구받게 되니 처음에는 당황스럽기만 했다. 마치 타지에 온 시골 뜨내기처럼 끼니를 때우는 일부터 새로운 친구를 사귀는 것, 새로운 공간들과 유대 관계를 쌓는 일까지 모든 것을 새로이 시작해야 했었다.

기숙사나 셰어 하우스에 있는 경우는 같은 공간을 나눠 쓰는 이들과 어느 정도 피상적인 마주침과 상호 소통이 있을 수 있지만, 혼자 방을 구해 자신만의 공간에 머무는 경우에는 그야말로 인간관계의 단절을 경험하기 쉽다. 한국에 있는 가족과 친구, 혹은 영국의 지인과의 소통 역시 소셜 미디어를 통해서 비대면, 비접촉 상황에서 소통하는 수준에 머물 수밖에 없다. 나의 경우에는 학문적으로는 사회학과 동료들과 종종 얼굴을 보며 사회적 교류를 하지만, 정작 한국 사회를 주제로 한 내 프로젝트를 집중해서 듣고 공감해 줄 사람은 별로 없었다. 어느 순간 나의 이야기는 왠지 나만의 이야기가 되는 것처럼 느껴진다. 한마디로, 박사생의 삶은 물가에 내놓아진 아이와 같다. 때로는 너무나 당연했던 정해진 시간표도 없고 자연스레 만들어진 인간관계망도 없기 때문이다. 새로운 시공간과 관계에서의 연결이 부재하기에 새로운 연결을 찾는 것이 건강한 박사 과정을 위해 중요하다.

이방인이라는 정체성: "우리가 인사이더인 적이 있었나요?"

2024년 올해로 런던 생활이 4년 차임에도 불구하고 나는 소지품 분실(BRP 카드, 지갑, 핸드폰과 노트북 같은 전자 기기)에 대한 우려와 인종 차별(캣콜링(cat calling), 칭챙총 등) 및 신체적 위협을 언제든 당할 수 있다는 경계심을 안고 살아왔다. 이런 내 모습이 유리창 혹은 거울에 반사될 때마다 CCTV가 뒤덮인 한국 사회가 가끔씩 그리워지기도 했다. 실제로 첫 번째 석사 시절, 코로나19가 유행하기 시작했던 2020년 3-4월 영국에서는 코로나19 바이러스가 중국 우한에서 시작되었다는 미디어의 포커싱에 더하여 아시아인에 대한 혐오 범죄 또는 차별이 발생하고 있었고, 2024년 8월 런던에서는 극우파들이 이민자들과 소수 민족을 대상으로 물리적 위협을 가했던 폭력 사태도 일어났다.

이 밖에도 해외에서의 삶은 미묘한 차별과 배제의 경험에 자연스럽게 노출될 수밖에 없기에 눈을 뜨고 이불 밖으로 나선 매 순간이 영국 사회 속 한국인이라는 이방인으로서 삶의 연속이었다. 2024년 현재까지 나름 영국에서 긴 시간(약 6-7년)을 보냈지만 언어의 장벽 때문이든, 백인이 아닌 다른 소수 인종이어서든지 간에 영국살이 중 스스로를 '나는 이방인 이다'라고 여러 차례 프레이밍 해 왔던 것 같다. 사실 나를 괴롭혀 왔던 것은 이방인으로 취급된 몇 번의 상황들의 빈도가 아닌 이방인이어야만 하는 상황이 주는 경험의 밀도에 기인한 것이었다. 어쩌면 다른 사람보다는 공간이 주는 정서적 연결에 민감한 나에게 특정 장소들이 주는 의미는 남다르게 다가왔다. 주어진 환경에서 사람들 및 주변과 공명(resonate)하지 못한다고 느꼈을 때, 그것은 언어적 장벽이 주는 문제만은 아닐 수도 있음을 깨닫게 되었다.

한 번은 질적연구방법론 수업을 들었을 때 외국인 연구자가 영국 혹은 영국인을 소재로 연구를 진행하기 위한 '조건'에 대한 토론이 진행되었다. "영국에서 얼마나 오래 살면 스스로를 인사이더(insider)라고 부를 수 있는 건가요?"라는 나의 질문에 방글라데시 출신 교수가 "우리가 인사이더(insider)인 적이 있었나요?"라는 철학적인 답변을 해 주었다. 그의 말은 무의식적으로 혹은 의식적으로 스스로를 이방인으로 자리매김하고 있는 나를 성찰하게 해 주었고, 연구뿐만 아니라 자신의 삶에 있어서도 동류의식이자 공감대 형성을 위해서 연구자가 생각해 볼 중요한 질문과 혜안이 되었다.

단순히 어떤 공간에서의 시간의 축적이 주는 안정감이 아니라 공간적 또는 감성적 공감을 일으키는 네트워크에 대한 고려가 필요함을 깨달았다. 따라서 이 에피소드에서는 공간에서 공감각적 집단 네트워크나 나 자신의 민감성을 경험하는 과정이 신체적 정서적 의미 형성에 어떤 변화를 가져올 수 있는지를 설명하고자 한다. 이를 위해서는 다음과 같은 질문들이 유용하다. '영국 사회

속 한국 유학생들은 어떤 집단 정체성을 가져야 할까?', '어떤 연결을 통해 심리적·공간적 편안함과 안정성을 느낄 수 있을까?'를 질문해야 한다.

장소 만들기(Place-making): 시간, 관계 그리고 집단 내의 연결성 찾기

도시사회학을 공부하고 있는 나는 시간, 관계, 집단의 면에서 겪게 되는 '연결의 부재'를 장소 만들기(place-making) 활동을 통해 극복할 수 있다고 생각한다. 그러기 위해서는 공간에 대한 물리적 환경뿐 아니라 내가 어떤 것(비인간)과 연결되어 있는지 혹은 될 수 있는지 파악하는 것이 중요하다. 다시 말해, 공간에서의 연결의 부재는 연결의 고리를 찾는 데서 시작한다. 장소 만들기라는 것은 단순히 물질적으로 어떤 공간을 장소로 규정하는 것을 의미하지 않는다. 도시 민족지학자인 샘 존슨-슐리(Sam Johnson-Schlee)는 그의 저서 『Living Rooms』에서 집을 구성하는 요소들(인테리어, 소품, 추억이 담긴 물건들)과 나의 공명을 통해서 집이라는 공간이 때로는 lively 혹은 unlively 할 수 있음을 분명히 밝힌다. 그렇지만, 대부분의 유학생들이 그렇듯 한낱 세입자에 불과한 우리가 집에 변형을 가하거나 많은 추억들을 물질적으로 쌓는 일은 현실적으로 불가능에 가깝다.

프랑스 인류학자인 마르크 오제(Marc Augé)는 비장소성(non-place)[7]이라는 개념을 통해서 현대 사회가 비장소의 성격을 띠는 장소들이 증가하고 있는데, 어떤 곳이든 장소가 되거나 비장소가 될 수 있는 양면성을 가지고 있으며, 그것을 가르는 것은 장소와 맺는 관계, 그에 따르면 계약 관계에 따라 달라짐을 강조한다. 그러므로 영국에서 박사 과정을 지낼 때 장소와 내가 맺을 수 있는 관계의 가능성에 관심을 두는 것이 중요하다. 즉, 내가 머무는 공간, 내가 자주 가는 곳을 아껴 주고 가꿔 주는 관계를 형성하는 것이 장소 만들기의 핵심이다. 연결 고리를 찾거나 만드는 방법은 의외로 간단하다. 공간에 애착을 갖는 것이다. 그렇지만 이때 유의해야 할 점은 집착을 만들어 내는 '소유'가 아닌 공간을 빌려 쓴다는 인식의 '점유(appropriation)'의 개념으로 접근해야 한다. 왜냐하면 대부분의 우리는 공간에 대해 내 것 혹은 내가 빌린 것이라는 이분법적인 생각에 갇혀 있기 때문이다. 내 것과 내가 빌린 것의 차이는 전자는 타인 혹은 외부의 요소로 인한 그 공간의 변화를 부정한다는 것이다. 고로 내 것이 없는 곳에서 내 것

---

7 마르크 오제의 비장소성이라는 개념은 현대 도시 사회에서 포착되는 새로운 형태의 장소성을 의미한다. 그는 비장소성을 '정체성, 관계성, 역사성이 결여된' 새로운 공간 논리라고 정의한다(정헌목, 『마르크 오제, 비장소』, 커뮤니케이션북스, 2016, p.36). 그는 여기서 비장소성과 장소성이 각각의 개인마다 다르게 다가올 수 있음을 역설한다. 즉, 현대인들에게는 어떻게 '그곳'을 '장소'로 만들 것인가에 대한 고민이 필요하다.

을 찾지 않아야 한다! 어떤 공간을 소유의 관점으로 접근해서 이도 저도 못하는 상태로 두지 말고 점유 상태를 누리고 즐겨야 한다. 이러한 사고의 전환을 쉽게 적용해 볼 수 있는 현실적인 방법이 있다. 런던 혹은 영국 전역의 도시에 산재해 있는 공원을 자신의 장소로 만드는 것이다.

자연과 연결되기: 공원을 이용하기

영국에 와서 나는 여느 한국 사람들처럼 자기 관리(건강 챙기기)라는 명목으로 매일 만 보 걷기를 도전했다. 매일 겪는 사소한 문제는 '어느 방향으로 갈 것인지?'를 정하는 것이었다. 영국의 고고학자이자 인류학자인 크리스토퍼 틸리(Christopher Tilley)는 런던이 가지고 있는 수천 개의 녹지 공간[8]이 어떻게 어린아이들의 사회화부터 다른 사회 계층 사람들의 사회성과 유대를 유지 및 강화시켜 주는 만남의 장소로 작동하는지 설명한다. 모두가 이용할 수 있는 '공공의 공간'이 있다는 것이 무엇을 의미할까? 석박사생들이 주로 입학하는 영국의 9월은 정기 학기의 시작이며, 동시에 영국에서 가장 아름다운 계절을 볼 수 있는 달이다. 공부하

---

8 런던은 3천 개가 넘는 녹지와 숲을 가지고 있으며, 녹색 도시라는 타이틀을 가지고 있다.

빅토리아 공원 Victoria Park

러 온 주변 지인들의 인스타그램 스토리는 영국 도시들이 보존하고 있는 문화유산, 다양한 건축물 그리고 자연에 대한 즐거운 감상들로 매년 가득 채워지곤 한다. 나 역시 초록빛을 머금은 공원에서, 적절한 간격으로 배치되어 있는 나무 벤치(의자)에 앉아 멍하니, 아무것도 하지 않고 앉아 있곤 한다. 공원에서의 쉬어 감은 스마트폰이 유도하는 초-연결된 사회에서 벗어날 수 있는 유의미한 시간 중 하나이다.

한국 사람들에게는 익숙지 않은 풍경들이 영국 도시의 공원에서 펼쳐진다. 넓게 펼쳐진 잔디 중간중간에는 곰팡이와 이끼가 낀 3층 높이의 거대한 나무들과 다양한 생물들이 얽혀 사는 큰 연못들이 있고, 새들은 평화롭게 지저귀고, 도시의 오염된 대기에 찌들지 않아 깨끗한 털을 가진 비둘기와 까마귀들이 여유롭게 날갯짓을 하거나 뒤뚱거리며 걸어 다니고, 도도한 거위와 오리들이 일렬종대로 길을 건너고, 청설모와 다람쥐들이 두꺼운 나무 몸통을 놀이터로 삼아 이리저리 뛰어다닌다. 고개를 돌리면 다양한 종류의 개들이 목줄 없이 주인과 함께 자연을 느끼려는 듯 자유롭게 뛰어다닌다. 이러한 공원 광경을 보고 있으면, 한국인인 내가 자연을 바라보는 시각이 얼마나 동물원과 식물원에 갇힌 제한되고 편협한 사고였는지 쉽게 깨닫게 된다. 식물, 동물, 인간들이 뒤엉켜 이 장소를 누리고 있고, 우리들 사이에는 어떠한 물리적 벽도 존재하지 않으며, 이곳에는 국적도 강요받는 정체성도 없다. 모두 그저 그곳에서 하나의 작은 존재임을 깨닫게 되고, 서로가 서로를 해치지 않는 방식으로 정서적으로 그리고 공간적으로 이 공간을 점유하며 이 공원을 유지하고 싶어 한다.

반복되는 공원 산책에서 나의 관심사는 건강 유지에서 '이번에는 무엇을 느낄 것인가, 혹은 느낄 수 있을 것인가?'로 자연스레 바뀌었다. 공원에서의 경험을 통해 한국에서라면 특정한 목적이 없으면 가지 않았을 여러 장소들이 마음 한편에 언제든 갈 수 있고 가 보고 싶은 공간으로 자리 잡기 시작했다. 물론, 한국과는 다른 네트워크를 가진 영국 공원이라는 장소가 주는 익숙지 않은 이 감각적 경험들과 새로운 존재들을 인정해야 하는 어색한 시간 역시 초반에는 주어졌다.

연결을 통한 치유: 주변(사람들)과 연결되기 그리고 공존하기

왜 박사 생활을 얘기하는데 이런 지엽적이고 개인적인 이야기를 하는지 다들 궁금할 수도 있다. 유학 초기, 나는 한국의 초-연결된 정보의 바다에서 벗어나 영국이 주는 단조롭고 느린 분위기 때문에 방황했었다. 실내화된 나의 삶의 패턴에 실외화의 루틴을 추가하자니 때로는 지겹고 가치가 없는 것처럼 보이기도 했다, 특별한 목적이 없는 활동이기 때문이다. 그러나 이 과도기에서 우리의 삶이 무엇인가와 공명되지 못할 때 우리의 몸과 마음은 피폐해진다는 것을 분명히 깨달았다. 물론, '무엇인가'라는 정의는 사람마다 다를 수 있다. 분명한 건 이러한 심신의 피폐함은 단순히 사람과의 관계에서만 비롯되는 것만은 아니라는 것이다. 나는 인간 중심의 관계에서 인간과 동물, 인간과 비인간의 소통 및 관심으로의 확장이 중요함을 얘기하려고 한다.

석사 때를 회고해 보면, 2학기가 끝나 갈 무렵 영국 전역을 뒤덮은 코로나19의 결과는 외부로의 연결을 막는 봉쇄령(Lockdown)이었다. 이러한 제재가 생기기 전까지는 학생 기숙사의 작은 사이즈가 불안과 불만의 영역이 될 것이라고 누구도 생각하지 못했다. 나의 활동 범위에 대한 가능성이 박탈되는 순간이었다. 그렇지만 이런 물리적 거리의 축소는 기숙사 친구들과의 관계를 끈끈하게 만들 뿐 아니라 창문을 통해 들어오는 향긋한 바람과 자연(외부)에 대한 그리움과 감사로 이어졌다. 무사히 졸업한 후에도 기숙사 친구들과 서로의 안부를 물으며 그 시절 얘기가 나오면 우리가 추억하는 장면에는 항상 우리가 머물렀던 장소들이 있었다. 우리의 추억 속에는 뒹굴거리는 낙엽, 어미 백조와 새끼들의 행진, 그늘에 숨어 자신의 존재를 으스대던 고양이와 여우, 달빛을 머금은 템즈강 등이 있었다. 밤에 템즈강에서 우리가 나눴던 대화들은 대부분 기억나지 않지만, 여전히 차가우면서도 시원한 공기와 다양한 존재들이 만들어 낸 잔잔한 분위기는 감각적으로 남아 있다.

일상적 공간 그리고 만남

이처럼 영국에서의 삶은 한국 사람으로서 '내 것에 대한 집착 증에서 벗어나기'라는 디톡스 과정을 갖게 한다. 다시 말하면, '내 것에 대한 집착증에서 벗어날 수밖에 없는 환경'에 우리는 놓여진다. 런던의 허를 내두르는 비싼 물가를 생각한다면 현실적으로 유학생이 본인만의 공간을 빌려서 살기는 쉽지 않고, 다양한 인종의 사람들이 기숙사 혹은 하우스 셰어를 하면서 모여 살 수밖에 없다. 때로는 그 안에서 첨예한 갈등도 일어날 수 있고, 때로는 누구보다 끈끈한 동지애를 느끼게 되기도 한다. 그런데 공간이라는 것이 이런 점에서 참 재미있는 것 같다. 때로는 이 장소가 나에게 너무도 소중한 곳이었다가, 때로는 가고 싶지 않고 꺼려지는 곳으로 변하기도 하기 때문이다. 기숙사에 머물 때 부엌은 내게 전자와 같은 곳이었다.

기숙사 부엌은 코로나19가 준 고립을 이겨 낼 수 있는 곳이자 마스크를 끼고 있지만 창문을 열고 모든 것들이 서로 얽히며 공존한다는 것을 느낄 수 있는 공간이었다. '개인'이라는 경계가 허

물어져 남의 식기를 '우리'라는 이름으로 마음대로 쓰기도 했으며, 밀린 설거지 문제로 서로 논쟁이 오고 가기도 했다. 오래 비치된 음식물 쓰레기통에서 몇십 마리의 구더기가 왕창 튀어나와 호들갑을 떨며 모두 청소를 했던 이곳은 겨우 3-4평 남짓한 작은 공간이었다. 때로는 플랫메이트 5명이 자신의 친구들을 초대해 같이 서서 웃고 떠들며 식사를 하기도 했던 이 장소는 방 안에서 혼자 고독을 느끼던 순간과는 다르게 즐거운 추억을 주는 따뜻한 공간으로 내 마음속에 남아 있다.

마무리하며…

박사 과정에서 중요한 것은 지속성을 갖는 성실함이다. 모두가 알고 있지만 어느 순간 모든 것을 뒤로 미루는 나를 발견한다. 여러 크고 작은 일들이 생길 때마다 나는 여러 핑계들을 찾고 있었다. 그러나 이런 핑계들은 얼마 지나지 않아 나에게 큰 스트레스로 돌아왔다. 이유는 내가 심리적으로 왜 핑계를 대고 있는지 몰랐기 때문이다. 하루는 몇 시간 연속해서 집중하는 나의 컨디션에 감사하고 뿌듯하다가도, 다른 날에는 미약한 집중력에 스스로 자책을 하기도 했다. 그저 '나의 노력과 열정이 부족했구나'라고 느꼈다. 계속되는 악순환 속에서 무엇과 내가 연결되어 있고,

무엇과 연결이 끊겨 있는지 당연한 것으로 여겨진 관계들의 부재가 나의 삶에 어떤 영향을 주고 있는지 자문하기 시작했다. 그 과정에서 우리에게는 물리적 경계인 안과 밖 말고도 다양한 인식의 안과 밖이 있을 수 있다는 것을 발견했다. 우리는 우리의 시간을 투자하고 있지만 다른 사람의 시간, 세계적인 흐름과 단절될 수 없고, 우리도 모르게 그것과 언제나 상호 소통한다. 다시 말해, 온전한 나의 시간은 있을 수 없으며, 그것이 가능하다고 해도 진정한 삶으로 간주하긴 어렵다.

영국에서 박사 과정을 밟으며 내가 느낀 가장 소중한 점은 우리가 머무는 장소와 공간들이 '머물기만 하는 곳'이 아니며, 사람들만이 사는 세계가 아니라는 것이다. 우리는 공간 안에서 무수히 많은 사람들 혹은 비인간(non-humans)들과 부딪히며 우리의 정체성을 형성하거나 변화시킨다. 그러므로 계속되는 변화 속에서 학업 성취를 중심에 두면서도 주변의 변화의 소리에 귀를 기울여야 한다. 박사 과정이 단순히 3-4년 공부에 몰두하여 하나의 학위를 따는 것이 목표가 될 수는 없는 것처럼, 이방인이 아닌 동류의식을 갖기 위해서 중요한 것은 시간이 아니라 네트워크에 대한 관찰이자 이해이다. 스스로 느끼는 고독과 외로움은 어디서 오는가? 그것을 모른다면 항상 재발의 가능성이 있고, 어느 순간 이것을 더 이상 쉽게 해결할 수 없는 지경에 이른다. 모두가 나와 다른 이야기로 관계를 맺고 있는 것처럼 들리기 때문이다.

테마 2

즐거운 박사 생활을 위한
네트워크 관리법

넷.
동혁의 이야기

한국 커뮤니티, 한국학연구소와 함께한 성장

영국에서 연구소 조교 되기

2019년 초, 박사 과정 입학 결과를 기다리며 홈페이지를 뒤적거리던 중 한 기사에 시선이 꽂혔다. 코번트리대학교(Coventry University)에 한국학 연구소(Korea Centre)[9]가 설립되었고, 한국과 관련한 다양한 연구를 한다는 것이었다. 나는 지원 당시 이미 한

---

9   한국학연구소는 한국학중앙연구원의 후원을 받아 수행되는 사업으로 한국학 연구가 중심이다. 한국학(Korean Studies)은 한 분야에 특성화되어 있기보다는 경제, 정치, 역사, 문화 등 다양한 분야에서 연구를 포함한다. 이외에 한국과 관련한 문화 행사를 개최하고, 영국에 한국 네트워크를 발전시키는 것에 목적이 있다. 코번트리대학교의 한국학연구소는 독립 기관으로 운영되었고, 2018년 6월부터 2021년 5월까지 3년간 프로젝트를 진행하였다. 한국의 날 행사 개최와 코리아 코너 설치의 경우 2021년 하반기에 진행되어, 실질적 프로젝트 종료는 2021년 말에 했다.

국을 주제로 박사 논문을 작성하겠다는 계획서를 제출한 상태였고, 이 때문에 향후 이 연구소의 도움을 받는다면 뭔가 도움을 받거나 향후 커리어에 큰 기회가 될 것 같다는 기대감이 커졌다. 나에겐 새로운 목적이 생겼다. 그것은 바로 어떻게든 연구소와 연결이 되어야 한다는 것이었다.

나는 2019년 초에 영국 코번트리대학교 박사 과정 합격을 통보받고서 5월부터 시작했다. 입학 후 첫 인덕션(induction) 또는 오리엔테이션 행사[10]에서 한국인 동기 이(Lee) 선생님[11]을 만났다. 박사 과정 동기 중 한국인이라고는 우리 둘밖에 없었기 때문에 비록 소속된 연구 센터와 연구 주제가 모두 달랐음에도 금세 친해질 수 있었다. 문득 궁금해졌다. 아무래도 박사 과정 특성상 혼자 연구하는 시간이 많고, 코번트리대학교가 학생 수가 3만 명이 넘는 규모가 큰 종합 대학교이기 때문에 숨어 있는 한국인 박사 선생님이 있을 것 같다는 생각이 들었다. 그래서 이(Lee) 선생님과 나는 한국인을 찾아보기로 했다. 첫 번째 방법으로 페이스북을 이용하는 것이었는데 우리는 2019년 7월에 '코번트리대학교 한인 박사 커뮤니티 (Coventry University Korean Community for

---

10 인덕션(Induction)은 입학 초기에 학생들이 반드시 수강해야 하는데, 주로 학교생활, 시설 이용과 같은 실질적인 도움이 되는 정보들을 알려 준다. 이때 다른 학과의 사람들도 많이 만날 수 있다. 한국 대학의 오리엔테이션과 같다.

11 박사 과정 학생들끼리는 상호 간의 존중의 호칭으로 선생님을 사용한다.

PhD)'를 만들었고, 이 과정 중에 권 선생님과 연결되었다. 두 번째 방법은 온라인에서 한국인들의 연락처를 찾아보는 것이었다. 공개된 공식 정보가 있는 학교 홈페이지와 링크드인에서 며칠 동안 한 명, 한 명 일일이 검색하는 노력을 했다. 이 작업 중에는 박사 과정 학생을 찾지는 못했지만, 코번트리대학교에서 근무하고 계시는 교수님 몇 분의 이메일 주소를 알게 되었다. 따라서, 한 분, 한 분께 개별 이메일을 보내 나의 소개와 함께 위와 같은 페이스북 페이지를 만들었으니 초청에 응해 달라는 부탁을 드렸다. 결과는 페이스북을 하지 않아 어렵다는 답장도 있었고, 좋은 취지라며 격려를 해 주시는 분들도 있었다.

한편, 여느 때처럼 그날도 사람들로부터 비슷한 답장을 받았었는데, 메일을 쭉 읽다가 하단에 서명란을 보고 놀랐다. 메일을 주신 분은 한국학연구소 소장 황은주 교수님이었다. 페이스북을 하지 않아 한인 박사 커뮤니티에 가입을 못 한다고 하신 것이다. 거절이었고, 살짝 실망하긴 했지만, 그래도 연락 주서서 감사한 마음이 들었고, 예의를 표시하고선 대화를 마쳤다. 그로부터 3개월 뒤인 2019년 10월, 황 교수님께서 먼저 선뜻 연락을 주셨다. 당시 연구소에서는 학교 도서관과 협력하여 한국어로 저널 검색이 가능한 서비스를 운영하고 있었는데, 홍보가 잘되지 않아 이용자 수가 적으니 이를 페이스북 등에 많이 홍보해 달라는 취지였다. 더욱이 나를 놀라게 한 부분은 이메일 끝부분에 있었다.

한국학연구소 점심 모임이 있는데, 참석할 수 있냐는 것이었다. 내가 바라던 그 연구소였고, 그분이었다. 따라서, 모임을 거절할 이유가 전혀 없었다. 하지만 나의 성격상 많이 떨렸다. 낯을 많이 가리는 성격이기도 하였고, 사소한 점심 모임이었지만, 그전까지 그런 모임에도 참석해 본 적이 없었기 때문이었다.

어찌 되었든 점심 모임에 용기를 내서 나갔다. 그 자리에는 황은주 교수님을 비롯한 다른 한국인 교수님들과 한국학연구소에서 장학금을 받으며 공부하는 학생 등 여러 명이 앉아 있었다. 함께 점심을 먹으며 황 교수님께서는 서로 돌아가며 인사를 시키셨고, 내 차례가 되었다. 나는 내가 하고 있는 연구가 무엇인지 설명을 마치고, 한국을 사례로 연구하는 만큼 이 연구소와 연결이 되고 싶었다며 나의 포부와 의지를 전해 드렸다. 이렇게 말한 나는 어릴 때 자장면 하나 주문하려고 메모장에 대본을 적을 정도로 소심하고 낯가리는 나와 비교했을 때 아주 큰 용기를 낸 행동이었다. 그리고 나선 모임을 정리하며 의자 등을 치우고 있는 와중에 황은주 교수님께서 내 쪽으로 걸어오셨고, 연구소 인력이 필요한데 조교(Research Assistant)로 일할 생각 없냐고 물어보셨다. 교수님의 질문이 끝나기 무섭게 나는 단 1초의 고민 없이 대답했다.

"네! 하겠습니다."

내 목적이 달성된 순간이었다. 조교로 일하게 되면서 나는 이

제 사소한 목적들이 생기기 시작했다.

사소한 목적 1, 생활비 충당

나는 영국 박사 과정을 펀딩 없이 시작했다. 게다가 한국에서 일을 하고 온 것도 아닌 학사 끝나고 석사, 석사 끝나고 바로 박사 과정으로 진학을 하게 되면서 속된 말로 부모님의 등골을 빼먹는 불효자였다. 부모님은 지금은 투자할 때라며 위로하셨지만, 매번 부모님의 지원을 받기에는 너무나 죄송했다. 그래서 조금이나마 죄송한 마음을 덜어 내고자 석사 과정 중엔 한국어 강사로, 박사 과정 중엔 연구소에서 일을 했던 것이다. 당시 영국 비자법상 학생은 학기 중 주당 최대 20시간까지 일을 할 수 있었다. 그런데, 그마저도 코번트리대학교에서는 박사 과정 학생들을 교내에서 6시간 이상 일하는 것을 허용하지 않았기 때문에 많은 소득을 얻지는 못했다. 그럼에도 크게 문화 인프라가 활성화 되어 있지 않은 코번트리의 인프라는 불필요한 소비를 줄여 주었고, 그 덕에 조교 활동을 통한 수입은 큰 도움이 되었다. 때마침 한국학연구소에서는 장학생을 선발한다는 소식이 들려왔고, 나는 운이 좋게도 조교로서 일한 노력이 인정받아 연구소에서 장학(생활비+학비)을 지원받게 되면서, 더 이상의 부모님의 금전적 지원에

의존하지 않게 되었다. 당시 받았던 장학금의 총액은 1년치 기숙사비를 지불하고도 남는 돈이었고, 이는 후일 런던으로 떠날 때에도 유용하게 활용되었다. 이러한 금전적 압박으로부터의 해방은 박사 과정 중 심리적으로 엄청난 안정감을 주었다.

사소한 목적 2, 소속감과 인맥 확장

나는 한국의 학술계에 인맥이 없다. 첫째, 학사 때 영어영문학과가 본 전공이었고, 관광개발학과를 복수 전공을 했다. 관광개발학과는 복수 전공자들에게는 참 냉담하게 대했던 것 같다. 해당 과 대부분의 교수님들도 복수 전공자들을 자기 소속 학생이 아니라는 듯이 상당히 눈에 띄게 차별 아닌 차별을 했던 기억이 있다. 둘째, 나는 영국에서 석사 과정 대학원을 시작했고, 애초에 학사 때 네트워크를 쌓지 못한 채 영국으로 진학하는 바람에 국내외 학술계에서 내 주변 인맥이라고는 오직 지도 교수님 세 분이 전부였다. 나는 코번트리대학교 한국학연구소에 다니면서 이러한 소외감을 완화하고 좋은 경험을 쌓을 수 있었는데, 가장 큰 혜택을 꼽는다면 경력보다는 인맥 네트워크 구축이라고 볼 수 있다. 예를 들어, 각종 행사를 준비하면서 정말 다양한 분야의 사람들과 연결이 되어 같이 협력할 기회가 많았다. 행사를 준비하며 연결된 주영 한국문화원과 주영 한국대사관과 같은 정부 인사, 컨퍼런스를 통해 연결된 많은 교수님, 연구원, 석·박사 학생들, 정치인, 사업가 등 사회 각계 각층의 다양한 인사들 그리고 마지막으로 이웃 주민들까지 3년간 소통하고 협력했던 사람들의 이름을 열거하자면, 과장을 조금 보태서 단편 소설의 분량 정도는 될 것 같다. 보통 같았더라면 그저 인사만 하고 말았을 사람들, 아니면 서로의 존재 자체를 모른 채 살아갈 사람들이었을 수도 있다. 그렇지만 내가 연구소 소속으로 일하는 동안 나는 그들에게 연구소 직원이라고 소개하고, 그들은 나를 연구원으로 인식한다. 그리고 그들에게 내가 한국학과 관련된 사람이라는 것을 인식시켜 줬다. 어느 날, 워릭대학교(Warwick University)에서 박사 과정을 졸업한 누나한테서 사진 한 장을 받았다. 한국학 컨퍼런스 발표 중 한 장면을 캡처 한 것이었는데, 영국 내 한국학 연구 현황을 설명하는 내용에 내 이름이 들어가 있었다. 하지만, 이러한 다방면의 인맥이 생겼다고 해서 이들과 마치 친구마냥 자주 펍(Pub)에서 만나 맥주 한잔하는 것은 아니다. 그보다는 상대방이 나의 존재를 알고 있다는 것. 내가 무엇을 하는 사람이고, 어디에 소속되어 있는지 인지하고 있다는 것이 언젠가 나를 또 다른 기회로 이끌어 줄 수 있는 연결 고리가 되어 줄 것이라 믿는다.

내가 하고 싶은 일이라면 얼굴에 철판을 깔자

한국학연구소에서는 2019년부터 2021년까지 약 2년의 시간 동안 일했다. 여러 행사에 초대받기도 하였고, 2020년 10월에는 한국학 컨퍼런스 개최, 2021년에는 한국의 날 행사[12]와 '코리아 코너'[13] 설치 등 굵직한 프로젝트도 성공적으로 진행했다. 컨퍼런스 논문을 모아 저널에 출판하고, 학생들의 논문과 다른 교수님들의 개인 연구들이 합쳐져 학술적 실적이 되었다. 한류 팬들 또는 타 기관의 연구자들과 소통을 위해 연구소 소셜 미디어(인스타그램, 페이스북, X(구 트위터))와 워드프레스 블로그를 개설하여 연구소의 동향과 행사들을 홍보하곤 했다. 크고 작은 워크숍과 세미나[14]도 진행했는데, 직접 종로구 일대 관광지들을 촬영하고 편집하여 서울시의 역사를 알리기도 했다.

어느새 프로젝트 기간은 끝을 향했고, 우리는 결과에 힘입어 다음 단계를 준비했다. 한국학중앙연구원의 새로운 펀딩을 신청할 계획을 갖고 있었는데, 핵심은 한국학과를 개설하는 것이었다. 타 학교의 과목들을 살펴보며 우리가 무엇을 가르칠 수 있는

---

12 주영한국문화원의 후원으로 개최되었다.

13 주영대한민국대사관의 후원으로 설치되었다. 현재 코번트리대학교 도서관 4층에 위치해 있다.

14 코로나19 바이러스의 창궐로 취소된 현장 견학을 대신하여 한국에 머무는 동안 서울시 종로구 여행 영상을 촬영했고, 이를 직접 편집 및 제작하여 세미나를 진행하였다. 유튜브에 'Shall We Walk? - Jongno, Seoul'이라는 이름으로 영상이 올라와 있다.

지 과목을 정해 보았고, 각종 프로그램과 행사를 기획했다. 더군다나 '코리아 코너'라는 공간이 새롭게 생겼으니 도서관 및 한인학생회와 협력하여 학생들이 좋아할 만한 이벤트를 다수 개최할 계획이었다. 하지만, 결론부터 말하면, 계획은 순조롭지 않았다. 이후 황은주 교수님은 다른 학교로 이직하셨고, 나는 박사 과정 연차가 올라감에 따라 '코리아 코너' 공간에 지속적인 관심을 두기 어려워졌다. 이에 대해서는 아쉬움이 많이 남았지만, 뿌듯한 기억으로 존재한다. 왜냐하면 다음 단계로 넘어가지 못했다고 해서 한국학연구소의 3년 프로젝트가 실패한 것이 아니기 때문이다. 게다가 나는 나의 초기에 의도한 목적을 모두 달성했기 때문에 어떻게 보면 개인적으로는 정말 큰 성공을 거뒀다고 볼 수도 있다. 따라서 한국학연구소에서의 시간은 나에게 매우 값진 시간으로 남아 있다.

지난 연구소 생활을 회고하며 이 글을 읽는 독자들에게 이런 이야기를 해 주고 싶다. 논문을 쓰면서 다른 일을 병행하는 것은 매우 지치고 고된 일이다. 한편으로는 매우 귀찮은 일일 수 있는 것도 사실이다. 그러나 그것이 두려워서 자신의 목적을 포기한다면 될 일도 절대 되지 않는다. 나에게 온 기회를 내가 걷어차 버린다면, 그 기회가 사라지지 않고 다른 사람에게 갈 수 있다. 즉, 우리는 현재가 아니라 미래를 보고 움직여야 한다. 내가 만약 연구소 조교를 하지 않았더라면, 혹은 그전에 메일 한 통 보내지 않았더라면 나는 황 교수님의 존재를 알지도 못했을 것이고, 박사 과정 5년의 시간 동안 한 것이라곤 졸업 논문 작성 한 편이 전부였을지도 모른다. 내가 느끼고 누린 이 모든 것들이 전부 누군가의 경험이 됐을 것이다.

즉, 나와 같이 성격상 적극적인 태도를 취하는 것에 어려움을 느낀다 할지라도 자신에게 도움이 될 수 있는 비전을 갖춘 일이라면 어떻게든 철판을 깔고 나 자신을 변화로 이끌어야 한다. 약간 능력이나 지난 성과가 부족하더라도 도전하고 덤비고 속된 말로 뻔뻔하고 '나댈' 수 있어야 한다. 영국에서 그리고 코번트리대학교 한국학연구소에서의 모든 일이 나에게는 처음이었고, 인력이 적은 상황에서 내 부족한 능력은 더욱 티가 날 수밖에 없었을 것이다. 그럼에도 불구하고 내 약점이 드러날까 두려워하기보다 내가 잘할 수 있는 부분을 찾아서 적극적으로 행동하고자 노력했다. 즉, 나의 강점으로 약점을 메우려고 부단히 노력해 왔다. 왜냐하면 내가 간절히 바라는 연구소에서 많은 것을 배우고 싶었기 때문이다. 기회는 아무에게나 주어지지 않는다. 발전과 배움을 간절히 원했고, 해당 관리자에게 적극적으로 다가갔으며, 그랬기에 결국 기회를 쟁취할 수 있었던 셈이다. 나의 뻔뻔함은 기회를 만들었고, 그 기회가 장학금과 차후의 경력과 나만의 스토리 및 인맥으로 이어질 수 있었다.

영국에서 박사 과정은 짧게는 3년 길게는 5-6년 정도 걸린다.

이 글을 읽는 독자 중에 박사 논문 외 다른 활동을 생각하고 있다면 무조건 도전할 것을 권한다. '집 밖은 위험하다'며 동굴과 같은 연구실에서 하루 온종일 시간을 보내는 것이 학위를 마무리하는 데 스스로 안전하다고 여길지도 모른다. 하지만 여건이 허용한다면 한 번쯤은 밖으로 나와서 새로운 경험을 시도해 봐야 한다. 그것이 설령 나의 연구소의 경험처럼 박사 경력에 직접적으로 도움이 되지 않을지라도 괜찮다. 의사들이 하루 30분이라도 걸으라고 하듯이, 하루 단 몇 분, 단 몇 시간이라도 외부 활동을 통해 박사 과정에 신선한 공기를 주입시키는 것이 장기적인 관점에서 육체적·정신적 건강에 큰 도움이 되고, 이는 다시 논문 작성에 큰 힘과 긍정적인 영향을 줄 수 있다는 점을 독자들이 깨닫기를 소망한다.

다섯.
예린의 이야기

한국 커뮤니티(The Korean Community)를 통한 '또 다른 나'의 발견

영국에서 나의 아이덴티티, 한국무용

"이제 한국무용은 그만하고 싶어요."

23살, 무심코 던졌던 말이다. 평생을 해 오던 일을 한순간에 그만두고 싶다니, 지금 생각해 보면 무용수로서 할 수 있는 최악의 말이자 자만감이 가득하고 무책임했던 말 같다. 그러나 그 당시 내 마음은 그랬다. 정말로 한국무용을 그만두고 싶었다. 20년 넘게 수많은 무용 대회와 공연에 열정을 쏟아 온 나는 그 이상의 도전이 지치고 부담스럽게 느껴졌다. 그래서일까. 영국 유학을 결심한 것도 거창하게는 무대 프로듀서이자 무용단을 이끄는 감독이 되고 싶어서였지만, 사실 그 속내는 무용수로의 모든 활동들에서 흥미를 잃어버린 나 자신으로부터 도망치고 싶었던 것 같다. 이러한 이유로 나는 첫 영국 유학에서 무용 실기나 안무 과정이 아닌 골드스미스 런던 대학교(Goldsmiths, University of London)의 창의적 문화 기업가 정신(Creative and Cultural Entrepreneurship)을 석사 과정으로 선택했다.

그런데 운명이었을까? 영국 유학을 온 지 두 달쯤 되었을 때 뜻밖의 연락을 받았다. 트리니티 라반(Trinity Laban Conservatoire of Music and Dance)[15]에서 안무 과정(Choreography)을 공부하던 한 한국인에게서 온 연락이었다. 그분도 한국무용을 전공했는데, 자신의 공연에 한국적인 색을 더하고 싶다며 함께할 무용수를 찾고 있었다. 그 연락을 받고 나는 잠시 고민했다. 사실 거절할 수도 있었다. 아니, 거절하려고도 했다. 영국에 올 때부터 다짐했던 게 있다면 춤과는 거리를 두겠다는 것이었으니까. 그런데 이상하게도 그 제안을 외면할 수가 없었다. 지금도 왜 그랬는지 정확히 알 수는 없다. 분명 춤을 추지 않겠다고 결심하고 떠난 유학이었는데, 아이러니하게도 다시 무대에 서겠다는 결정을 내리다니.

---

15 Trinity Laban Conservatoire of Music and Dance은 창의적 예술 교육 기관으로, 오랜 전통의 Trinity 음악 대학과 Laban Dance Centre가 합병된 세계적 명성의 학교다.

춤, 그 너머를 고민하다

영국에서 처음 무대에 섰던 작품은 <In Wonderland>였다. 트리니티 라반의 작은 스튜디오 공연장에서 열린 이 공연은 현대적인 안무와 한국무용의 움직임이 만나는 실험적인 작품이었다. 하지만 이 무대를 준비하는 과정은 내게 쉽지 않은 도전이었다. 당시 나는 늘 정해진 안무를 연습하고, 이를 완벽하게 소화하는 데에 익숙한 무용수였다. 무대 위에서 스스로 즉흥적으로 움직임을 만들어 내는 일은 나와 거리가 멀었다. 특히 이 공연에서는 음악에 맞춰 새로운 움직임을 고민해야 했는데, 사용된 음악이 전통 국악이나 무대형 곡이 아니라 빠른 피아노 연주곡이었다. 피아노 선율에 맞춰 춤을 어떻게 표현해야 할지 처음엔 막막했다. 익숙한 리듬과 동작이 아니었기 때문에 내 몸과 감각을 새롭게 열어야만 했다.

리허설을 거듭하면서 조금씩 적응해 나갔지만, 공연을 준비하는 내내 새로움의 연속이었다. 특히 공연 당일에는 단출한 구성으로, 나와 안무가 단둘이 무대에 서야 했다. 무대를 채우는 것은 오롯이 우리 둘의 움직임과 피아노 연주뿐이었다. 하지만 공연장에서 두 명의 피아니스트가 합류하던 순간, 나는 과거에 국악 연주자들과 함께 무대에 올랐던 기억이 떠올랐다. 악기 연주가 춤과 얽히며 만들어지는 즉각적인 화합, 그리고 그 안에서의 에너지가 너무나 반갑고도 특별하게 느껴졌다. 음악과 내 움직임이 하나로 연결되는 순간, 나는 춤이 단순히 반복된 연습의 산물이 아니라 그 순간에 느끼는 감정을 몸으로 풀어내는 일이라는 걸 새삼 깨달았다.

공연이 끝난 뒤, 관객들의 박수 속에서 나는 묘한 감정에 휩싸였다. 내게 낯설고 어렵게 느껴졌던 이 공연이, 어느새 내 안의 춤에 대한 새로운 가능성을 열어 주었다는 것을 깨달았기 때문이다. 즉흥적인 움직임이 어색했던 내가, 피아노 연주에 맞춰 춤을 스스로 만들어 내며 무대를 채웠다는 사실은 앞으로의 춤에 대한 태도와 시각을 완전히 바꿔 놓았다. 〈In Wonderland〉는 단순히 영국에서의 첫 번째 무대라는 의미를 넘어 춤을 통해 나

영국에서 무용수로서 한 첫 무대
In Wonderland (2017), Trinity Laban Conservatorie of Music
and Dance, Choreographed by Yeon Soo Do

자신을 다시 발견하게 한 특별한 순간이었다. 과거에 한국의 무대에서 익숙했던 것과 전혀 다른 방식을 경험하며, 이는 내게 춤에 대한 열정을 다시 불어넣어 주는 계기가 되었다.

골드스미스에서의 석사 과정 또한 내가 예술에 대해 더 깊이 고민하게 만든 시간이었다. 전공 수업은 주로 예술 비즈니스와 관련된 현실적인 주제를 다뤘지만, 이와 함께 예술사회학이나 철학 과목들을 공부하면서 예술이 단순히 '보여 주는 것'이 아니라 '무엇을 말하는가'에 대한 질문을 던지는 도구라는 사실을 점점 깨닫게 되었다. 그리고 나는 스스로에게 질문하기 시작했다. '나는 무용으로 무엇을 말하고 싶은가? 그리고 왜 춤을 통해 그 이야기를 해야 하는가?' 이러한 질문은 내가 무용수로서, 그리고 아티스트로서 성장하는 데 큰 원동력이 되었다. 그리고 이러한 고민들은 내가 무용단의 '색깔'을 고민하게 된 계기가 되었다. 이전까지는 단순히 무용단을 조직하는 데에만 목표를 뒀다면, 이제는 '어떤 주제를 다룰 것인가', '어떤 스타일로 표현할 것인가', '어떤 메시지를 전달할 것인가'와 같은 질문들이 나를 사로잡았다. 무용이 단순한 공연이 아니라, 그 자체로 강력한 이야기를 전달하는 도구가 될 수 있다는 생각은 내 작업 방식과 태도를 근본적으로 변화시켰다. 골드스미스에서 보낸 시간은 예술과 나의 무용에 대해 다시 정의하는 여정이었다. 나는 그곳에서 내가 말하고 싶은 이야기가 무엇인지 그리고 춤이 그 이야기를 어떻게 전달할 수 있을지 깊이 고민했다. 그 과정은 단순히 춤을 추는 기술을 넘어 나의 춤에 철학과 목적을 더하는 시간이 되어 주었다.

스크린댄스로 확장된 춤의 세계

2018년, 나는 영국 로햄튼 대학교(University of Roehampton)[16]에서 다시 무용으로 박사 과정을 시작했다. 여기서 나는 춤으로 전달하려는 주제와 내용을 다양한 플랫폼을 통해 어떻게 표현할지에 대해 진지하게 고민하기 시작했다. 무대 공연, 야외 공연, 댄스 필름 등 다양한 방법들이 있었지만, 나에게 가장 매력적으로 다가온 것은 '스크린댄스(Screendance)'라는 장르였다. 스크린댄스는 춤의 안무적 기법(Choreography)과 영상의 촬영 및 편집적 기법(Cinematography)이 결합된 형태로, 다양한 배경, 움직임, 감정 등을 전달할 수 있는 장점이 있다. 평소 사진 찍는 것을 좋아했던 나는 카메라를 통해 춤을 담아내는 작업에 흥미를 느꼈고, 이는 박사 과정을 하면서 가장 즐기는 활동이 되었다.

---

16 영국 로햄튼 대학교(University of Roehampton)는 런던 남서쪽에 위치한 대학교로서, 아름답고 역사적인 캠퍼스를 자랑하는 대학 중 한곳이다. Dance, History, Education 등의 전공 분야가 높은 인지도를 보이며, 무용학과(Dance)는 세분화되어 있는 전공들을 바탕으로 세계적으로 무용 안무와 연구에 높은 평가를 받고 있는 학교이다.

'나아가 한국무용의 움직임이나 상징적인 요소들을 스크린댄스에 담아내며, 춤을 통해 아티스트로서 목소리를 낼 수 있다는 점은 내게 큰 의미로 다가왔다. 그래서 박사 과정의 연구 주제 또한 '온라인 플랫폼에서 보이는 스크린댄스 액티비즘[17]'에 관한 것이었고, 이 주제 안에서는 나는 코로나19 펜데믹을 포함한 사회적 현상, 한국과 다른 나라들 사이의 역사적, 정치적 관계 그리고 온라인 안에서 나타나는 사람들 간의 이해관계에 대한 작품들을 만들었다. '나의 스크린댄스'를 통해 한국인으로서의 시각에서 사회의 다양한 측면을 다루는 것은 내 안의 무용에 대한 열정을 다시 일깨우며, 앞으로 '무용가 이예린'으로서의 방향성 또한 재정비하게 해 주는 계기가 되었다.

(Screendance Un-Tact, 2021)

* 박사 연구 프랙티스 중 두 번째 스크린댄스 작품으로, 당시 코로나19로 인한 펜데믹 상황을 그려 낸 작품이다.

---

17 액티비즘(activism)은 한국어로 '행동주의'라고도 번역될 수 있는데, 사회적·정치적 변화를 가져올 목적으로 구체적인 행동을 하는 것을 말한다.

춤으로 연결된 나와 세상

나는 박사 과정 중 연구와 관련된 활동만 했던 것은 아니었다. 한류의 성장과 함께 한국 문화에 대한 관심이 높아짐에 따라 최근 영국에서는 K-pop 관련 행사, 한국 문화의 날, 한국 음식 행사 등 다양한 한국 관련 이벤트들이 다수 진행되었는데, 이때 전통 공연이 한 부분을 크게 차지했었다. 이를 계기로 나는 한국무용 전공자라는 장점을 살려 종종 국악기 연주자분들과 함께 협업 공연을 할 수 있었다. 사실, 주최 기관이나 주최자분들이 나를 어떻게 알고 연락하셨는지는 아직도 불분명하다. 하지만 추측을 해 보자면, 영국에는 한국 음악과 무용을 하는 사람이 극히 소수에 불과하기 때문에 '이예린'이라는 한국무용 전공자가 영국에서 공부하고 있다는 사실을 누군가의 입을 통해 건너 건너 알게 되지 않았을까 생각된다. 이러한 이유로 감사하게도 런던, 요크, 맨체스터, 셰필드, 코번트리 등 영국 각 지역의 대학에서 한국 문화와 관련된 행사가 있을 곳이면 언제나 '무용수 이예린'이 무대에 설 수 있었다. 그 밖에도 주영한국문화원(Korean Cultural Centre UK), 영국박물관(The British Museum), Glasshouse Arts Centre, European Bank for Reconstruction and Development, Hallyucon Festival) 등에서도 한국무용을 선보이고 가르칠 수 있는 기회를 얻게 되었다. 특히, 2023년 영국 재향군인회(Royal

British Legion)에서 주최한 한국전쟁 70주년 행사[18]는 한국인으로서 자긍심을 느끼며 참여할 수 있는 소중한 기회였다. 아래 두 사진은 내가 참여한 공연의 모습의 일부를 보여 준다.

HallyuCon 2023,
Samsung KX

Arsenal of Sounds,
Woolwich (ⓒTATO FONSECA)

그렇게도 진절머리가 났던 한국무용이 또다시 영국에서 나의 아이덴티티가 되었다니! 심지어 영국에서의 한국 문화는 한국무용에 대한 나의 태도를 바꾸기까지 했다. 한국무용은 이제 나에게 단순히 전공이 아니라, 나와 영국 그리고 더 넓은 세상과 연결해 주는 소통의 창구가 되었다. 나를 불러 준 이들, 나의 춤을

---

18 2023년 7월 27일, 런던 버킹엄궁 인근 호스 가즈 퍼레이드에서 영국 재향군인회(Royal British Legion) 주최로 한국전 참전용사 포함 약 900명이 참석한 한국전 정전 70주년 기념식(Remembering the Korean War)이 열렸다.

보고 함께 사진을 찍자고 해 주는 이들, 춤이 아름다웠다고 칭찬해 주는 이들, 그리고 한국무용을 배우고 싶다고 말하는 이들과의 만남…. 그 모든 순간들이 지금까지도 나에게 큰 의미가 되어 주고 있으며, 마치 나에게 '한국 문화를 더 멋있게 세상에 알려라'라는 사명감을 부여해 준 것만 같았다.

현재 내 인생에서의 한국무용과 스크린댄스의 공존은 생각보다 큰 만족감을 주고 있다. 한국무용과 스크린댄스는 나의 춤을 받쳐 주고 있는 두 다리이자, 춤을 보여 주는 두 팔이다. 다시 말해, 두 장르는 나에게 있어 무언가를 함께 만들어 나가는 협력 프로듀서들이자 아티스트들이라고 할 수 있다. 영국 유학은 이제 새로운 열정을 얻는 전환점으로 작용했고, 이 전환점에서의 첫 발걸음이 박사 과정이다 보니 이곳에서의 박사 생활이 어쩌면 내 인생에서 가장 소중한 순간이자 의미 중 하나가 될 것 같다.

새로운 소속감, 재영한인박사연구자협회

재영한인박사연구자협회(KRUK, Korean PhD students and Researchers in the UK, 이하 '재영박협')[19]에 가입한 건 2020년, 코

---

19 재영한인박사연구자협회는 영국에서 박사 과정 중이거나 박사 학위 취득 후 연구 커리어를 이어 나가고 있는 한인들이 모여 있는 단체다.

로나19로 한창 영국이 첫 번째 봉쇄(Lockdown)[20]에 도입했을 때였다. 한국과는 달리 사회의 모든 연결 고리들을 차단해 버린 영국 정부의 봉쇄령은 그야말로 '혼자 사는 세상'이란 어떤 것인지를 여실히 체감하게 해 줬다. 이런 상황 속에서 페이스북을 통해 우연히 발견한 곳이 '재영박협'이었다. 첫 온라인 세미나에 참여했을 때, 사실 분위기 자체만으로도 다소 부담을 많이 느꼈다. 사람들은 서로를 '선생님'이라고 부르고 있었고, 그냥 그런 분위기 자체가 낯설게 느껴졌다. 하지만 그 당시에는 나와 비슷한 사람들과의 연결 고리가 절실히 필요했기에 이런 불편함이라도 존재했으면 좋겠다고 생각했던 것 같다. 기숙사 조그만 방 안에서 혼자 지내고 있는 나로서는 이렇게라도 사람을 만나는 것 자체가 간절했던 것이다. 왜냐하면, 영국으로 유학 온 많은 친구들과 동료들이 코로나19 상황으로 인해 본국으로 거의 돌아갔기 때문에 누군가와 온라인상에서라도 대화를 나눌 수 있다는 것은 지루한 나날들에 즐거운 자극이 될 수 있었다. 재영박협 온라인 세미나에 종종 참여하고 보니 생각보다 다양한 주제에 대해 이야기를 나누고 있었다는 걸 알게 되었다. 모르는 주제에 대해서는 주저하지 않고 모른다고 하고, 아는 주제에 대해서는 서로 의견

---

20 영국은 2020년 3월 23일, 첫 번째 코로나19 바이러스 봉쇄령(Lockdown)을 발표한 후 26일부터 시행했다. 이 당시 사람들은 생필품이나 의약품 구입, 병원 진료를 위한 외출, 하루 한 번 운동을 위한 동네 외출과 같은 꼭 필요한 경우가 아닌 경우의 모든 외출을 자제해야 했다.

을 자유롭게 주고받는 선생님들(사실 그런 호칭들이 아직도 어색하다)의 모습이 어딘가 흥미로웠다. 그리고 무엇보다 이전에 영국에서 한국인들을 많이 만난 적도 없었기 때문에 한국인들과 모국어로 이야기를 계속할 수 있다는 것이 마냥 좋았다. 그리고 나도 모르는 사이에 영국에 있는 박사 과정생이라는 동지애가 생겨났고, 코로나19라는 큰 주변의 어려운 상황들을 함께 이겨 나가고 있다는 점에서 약간의 전우애까지 느끼기까지 했다. 이렇게 나는 재영박협에 자연스레 스며들고 있었다.

이때 사실 박사 연구 프랙티스를 준비하고 있었는데, 서로 다른 공간에 있지만 이야기를 나누고 서로를 서포트해 주는 모습이 인상 깊어 위의 사진과 같은 이미지를 만들었었다.

처음에는 불편했던 재영박협은 언제부터인가 나의 가장 편한 모임으로 자리매김했다. 시간이 조금씩 흐르면서 인간관계, 감정적 서포트, 경력 및 진로, 박사 생활의 일상 공유 등 이 모임이 나에게 정말 많은 것을 주고 있다는 걸 어느 순간 느끼기 시작했다. 그래서 재영박협의 임원진으로서 활동을 해 보지 않겠냐는 제안에 응하게 되었다. 그리하여 나는 2020년 9월부터 2021년 8월까지 1년간 재영박협의 문화예술분과장과 홍보를 담당하게 되었다. 이 시기는 2020년부터 2021년, 정확히 코로나19로 모두가 힘들어하던 시기였다. 그동안 편하게 누리던 모든 것들이 극히 제한적이게 되었으며, 경제적, 육체적, 정신적으로 모두가 고통을 받는 순간들의 연속이었다. 그래서 그 당시 재영박협의 임원들은 '영국에 있는 우리와 같은 박사생들을 고립시키지 말자'라는 생각을 가장 먼저 했던 것 같다. 안 그래도 외로운 싸움을 하는 박사 연구에 코로나19까지 더해져 점점 더 외로워질 수도 있었기에, 우리는 무슨 방법으로든 연결 고리를 만들어야 했다. 그래서 그 어느 해보다도 적극적으로 온라인 세미나를 활발히 진행했고, 운동, 영화, 공연, 술, 커피, 차 등 다양한 목적의 온라인 소셜 모임도 정기적으로 만들어 갔다.

사실, 문화예술 파트는 현장성이 상대적으로 큰 비중을 차지하는 분야다. 그렇기에 내가 할 수 있는 건 온라인 공연 정보 링크 공유하기, 공연 소개하기, 관련 분야의 전문가의 온라인 초청

세미나 섭외, 주관 등이었다. 임원으로 활동하면서 나는 내가 다른 영국 박사 과정의 사람들을 위해 무엇을 할 수 있는지 상당한 시간 동안 고민을 해 왔다. 그리고 그 과정에서 내가 조금 더 기여할 수 있는 하나의 방법은 재영박협의 온라인 플랫폼 시스템을 구축하는 것이었다. 당시, 재영박협에서 이용하는 온라인 매체는 페이스북 비공개 그룹 페이지가 전부였다. 사실, 코로나19 전에는 그 페이지만으로도 충분히 소통이 가능했을 것이다. 하지만 2020년에는 펜데믹으로 상황이 달라진 만큼, 다양한 지역의 많은 사람들이 연결될 수 있는 다양한 디지털 공간이 필요했다. 다른 임원들과의 논의 끝에 우리는 인스타그램부터 홈페이지, 카카오톡 오픈 채팅창까지 여러 가지의 플랫폼을 동원해 새로운 디지털 시스템을 구축하고 운영하기 시작했고, 그 결과는 성공적이었다고 자부한다. 왜냐하면, 우리 기수 이후에도 지금까지도(현재 재영박협 9기 임원진) 많은 영국 박사생들과 박사 후 경력자들이 우리가 만든 플랫폼을 기초로 계속해서 디지털 연결을 발전해 가고 있으니 말이다.

지금 돌아보면, 재영박협의 활동이 내 박사 연구에 실질적 도움을 준 건 아니다. 그래도 '나와 같은 상황에 놓인 한국 사람들이 영국 어딘가에 존재하는구나'라는 생각은 서로를 보듬어 주고 다독여 주고 있다는 연대감을 느낄 수 있게 해 주었고, 그것만으로도 영국이라는 타지에서 고군분투하는 내 한숨의 무게가 가벼

워지는 것 같았다. 이제 재영박협을 통해 알게 된 사람들은 나의 영국 생활에서 없어서는 안 될 사람들이 되었는지도 모르겠다. 고민이 생기면 가장 먼저 찾는 곳이 재영박협이 되었고, 재미있는 순간, 화가 나는 순간, 속상한 순간 등 이 모든 소박한 순간들에도 가장 먼저 내 마음의 정서를 공유할 수 있는 곳이 되어 버렸기 때문이다. 같이 고민해 주고 같이 이겨 내 주는 이들이 있다는 것이야말로 내가 영국 유학을 하면서 얻은 소중한 것들 중 하나가 아닐까. 그렇기에 나에게는 '혼자라서 외로운 박사 생활'이 아닌 '함께여서 힘이 나는 박사 생활'을 했었다고 생각할 수 있는 것 같다.

테마 3

지도 교수님과의
협력과 갈등

여섯.
보희의 이야기

인생의 스승을 영국에서 만나다

영국에서는 보통 박사 과정 프로젝트에 여러 명의 지도 교수님들이 붙는다. 즉, 어떤 프로젝트를 하느냐에 따라 조언을 제공해 줄 전문가들이 붙는다. 나의 경우, 소아 호흡기 질환을 타깃으로 한 데이터 분석이었기 때문에 소아호흡기과 교수님 두 분, 통계학 교수님 한 분, 총 세 분이 배정되었고, 그중 소아호흡기과 교수님 한 분이 나와 주로 소통할 '주 지도 교수님'으로 정해졌다.

박사 과정을 시작하자마자 주 지도 교수님과 가장 먼저 한 일은 앞으로 어떤 식으로 지도 미팅을 할 것인지를 정하는 일이었다. 쉽게 말해서 여러 명의 지도 교수님들의 전문적 조언을 어떻게 하면 효율적으로 구할 수 있을지를 정하는 것이다. 다들 굉장히 바쁜 분들이라 상황과 목적에 따라 커뮤니케이션의 비율이 달리하는 것이다. 예를 들어, 주 지도 교수님과는 처음 연구 방향을 정해질 때까지 2주에 한 번씩 만나기로 했다. 어느 정도 연구 방향이 정해지면 한 달에 한 번씩 만나기로 정했다. 그리고 매 미팅을 계획하기 전에는 어떠한 점을 토론하고 싶은지를 미리 공유하기로 했고, 미팅이 끝날 때마다 회의 내용과 실천 방법과 계획을 요약해서 공유하기로 정했다. 이러한 상호 간의 약속은 박사 과정 내내 한 번도 빠짐없이 지켜졌다. 지금 생각해 보면 이 방법이 짧은 시간 내에 심도 있는 대화를 유도하고 서로가 동의하는 명확한 실천 방향을 정하는 데 정말 효율적이었던 것 같다.

그리고 나서 주 지도 교수님과의 첫 미팅이 잡혔다. 얼마나 긴장했는지 모른다. 이 1시간이라는 주어진 시간을 어떻게 써야 하는지 전혀 알 수가 없었다. 미팅은 물론 3년이라는 박사 과정이라는 시간도 어떻게 써야 하는지 감이 오지 않았다. 첫 미팅에서 교수님은 '3년이라는 시간이 결코 긴 시간이 아니기 때문에 계획적으로 보내야 한다'고 거듭 강조하셨다. 그리고 '박사 연구는 결국 내가 주도하는 연구이다'라는 점을 상기시켜 주셨다. 이 말은 나를 3년 내내 긴장하게 만들었고, 매일을 규칙적으로 보낼 수 있는 힘이 되어 주었다.

하지만 박사 과정을 시작하고 두 달 즈음이 지났을 때 코로나 19가 유행하기 시작했고, 학교는 이윽고 문을 닫았다. 모두에게 외출이 제한되기 시작할 때 즈음, 주 지도 교수님은 나의 웰빙을 적극적으로 관여하기 시작하셨다. 자주 내 상태가 어떤지, 마음이 어떤지를 물어보셨고, 힘이 되는 조언을 주셨다. 정말이지 지도 교수님의 이러한 세심한 관심과 적극적인 지도 방식이 없었다면 내가 이 박사 과정을 무사히 마칠 수 있었을지는 알 수 없다. 박사 과정을 마치고 학생들을 지도하게 된 지금에서야 지도 교수님의 조언들과 방식들이 얼마나 대단한 것인지 체감하고 있다. 진짜 부모가 되어 봐야 부모님의 심정을 이해할 수 있다는 말이 있듯이, 박사 과정에 만난 지도 교수님들의 관심과 주의들은 이제 내가 학생을 지도하게 되고 나서야 조금이나마 이해하게 되는 것 같다.

이 장에서는 나와 지도 교수님이 어떻게 박사 과정 동안 관계를 유지하고, 여러 자원들을 활용할 수 있었는지에 대한 노하우를 에피소드의 형태로 풀어 가고자 한다.

지도 교수와 학생과의 관계는 인생의 파트너를 만나는 일

지도 교수님들과 성격적 또는 일적으로 잘 어울리는지는 박사 과정을 무사히 마칠 수 있는지를 결정한다는 말이 과언이 아닐 만큼 중요하다. 지도 경험이 있는 교수님들은 학생의 스타일을 알고 어느 정도 지도 방식을 조율하는 편이지만, 학생 또한 원활한 의사소통과 일의 진행을 위해 지도 교수님의 스타일을 아는 것이 중요하다. 지도 과정도 즉 의사소통이고, 인간 대 인간으로 상호 작용을 하는 것이기 때문에 성격이 잘 맞지 않거나 의사소통에 문제가 있을 때 학생뿐만 아니라 지도자 역시 답답함을 느끼고 스트레스를 받는 일이 다반사다. 따라서 동료 교수님들은 종종 박사생을 고를 때는 마치 내 인생 파트너를 고르는 것처럼 매우 신중해야 한다고 한다. 아무래도 박사 과정이라 함은 독립적인 연구자가 되기 위한 훈련이기에 이러한 성향 차이를 인지하지 않고 지도 교수님이 하자는 대로 무조건 이끌려 가는 것은 아니요, 지도 교수님의 조언을 무시하고 내 의견대로 고집스럽게 밀고 가라는 것도 아니다. 즉, 늘 예의를 갖추며 어느 정도는 수용하고, 어느 정도는 주장하기도 하면서 맞춰 가는 것이 굉장히 중요하다.

예를 들어, 만약 내 지도 교수님이 굉장히 바쁘고 효율성을 중요시 여기는 타입이라면 이메일 등의 메시지는 간단명료하게 작성하는 것이 좋다. 또 미팅을 준비할 때 회의 계획을 미리 공유하되 두루뭉술한 계획이나 질문할 거리를 준비하기보다는 어떤 것을 토론할지, 무엇이 문제인지를 명확하게 준비하는 것이 중요하다. 나와 주 지도 교수님은 둘 다 완벽주의자였으며, 계획적으로 일을 진행하는 것을 좋아했다. 또 딱히 둘 다 외향적이지도 않았기에 미팅을 시작할 때 일상적인 간단한 대화를 하는 것을 좋아하지 않았고, 바로 본론으로 들어가는 것을 선호했다. 그래서 우리의 미팅은 늘 짧고 굵었다. 또 모호한 것을 불편해했기 때문에 중간에 불분명한 점이 있으면 즉각적으로 해결했다. 물론 교수님과 반대되는 점도 많았다. 나는 매사에 냉소적인 편이었던 반면, 지도 교수님은 긍정적인 편이셨다. 그리고 지도 교수님은 시간이 걸리더라도 신중하게 하자는 태도를 가지신 반면, 나는 성격이 급했다. 이 때문에 교수님은 내게 긍정적인 시각과 함께 급하게 일을 진행하지 않아도 된다는 점을 자주 강조하셨다. 이러한 공통점과 차이점을 이해하고 받아들였던 것이 나의 장점을 최대화하고 단점을 극복하는 데 큰 역할을 한 것 같다.

간혹, 박사를 꿈꾸는 사람들 중에 교수의 명예, 논문 출판 수 등 가시적인 지표가 마치 지도 교수의 지도 능력이라고 착각하는 사람들이 있다. 그런 식으로 판단하는 것에 대해 주의하라고 조언하고 싶다. 그들의 화려한 경력은 지도 교수의 경력일 뿐 지도 능력과 아무 관련이 없다. 또 지도 교수님하의 박사생들의 진로가 자신의 미래 진로라고 여기기도 하는데, 반드시 그렇지도 않다. 실제로 한 박사생은 소위 '깐깐한' 지도 교수님의 지도 방식이 견디기 힘들어 결국 박사 과정을 그만둔 반면, 같은 지도 교수님을 둔 다른 박사생은 지도 교수님과 잘 맞아 성공적으로 박사 학위를 거두기도 했다. 따라서 나를 지도할 교수님과 얼마만큼 상응하는지 또는 조정 가능할지, 이 밖에 일하는 성격, 문제 조율 방법 등의 소통 코드가 얼마나 잘 맞는지가 정말 중요하다고 강조하고 싶다.

칭찬에 대한 갈증

나와 주 지도 교수님과의 관계에서 아쉬웠던 점이 딱 하나 있었다. 교수님은 한결같이 친절하시고 데이터와 전문 분야에 대해서는 무서울 정도로 정말 프로페셔널하셨지만, 결코 가깝게 느껴지진 않았다. 시간이 갈수록 취미 생활이라든지 사적인 일을 얘기할 정도로 제법 친해질 만할 텐데도 교수님은 냉정하리만큼 언제나 일정한 심리적 거리를 지키셨고, 그분에게서 칭찬을 듣는 것은 하늘의 별 따기와 같았다. 한 번이라도 듣는 날에는 고래처럼 춤을 출 정도였다.

이 멀고 먼 심리적 거리감 그리고 칭찬에 대한 갈증 때문에 한편으로는 지도 교수님들과 같이 운동도 하며 친구처럼 친하게 지내는 주변의 친구들이 가끔 부럽기도 했다. 물론, 지금에 와서야 적당한 거리를 유지하는 것이 지도에 얼마나 중요한 것인지를 알게 됐지만, 그 당시에는 조금 아쉬웠다. 하지만 다행히도 내게 다른 여러 지도 교수님들이 있었고, 그들은 정반대의 성격을 가지신 분들이라 어느 정도 보상을 받긴 했다. 예를 들어, 주 지도 교수님은 조용하고 칭찬을 아끼는 편이라면 다른 지도 교수님들은 활발하고 칭찬을 자주 해 주시는 편이셨다. 덕분에 칭찬에 대한 갈증이 어느 정도 해소될 수 있었다. 하지만 시간이 갈수록 칭찬을 듣기 위해 노력하는 것을 멈춰야 한다는 것을 깨달았다. 왜냐하면 늘 누군가를 만족시키는 연구를 할 수는 없기 때문이다. 연구의 방향이 맞고 계획대로 잘 진행하고 있다면 그걸로 충분하다.

침착한 태도와 정서적 지지

주 지도 교수님으로부터 가장 본받고 싶은 인성 중 하나를 꼽으라면 아마 침착함을 꼽을 것 같다. 한 일화로는, 박사 과정 중에는 교내·외에서 내 연구에 대해 30초 정도의 엘리베이터 스피치부터 20분 정도의 세미나를 통해 소개할 기회가 생긴다. 여러 사람들에게 발표하다 보면 내 연구에 대한 관심과 전망 등에 대해 알게 된다. 한번은 몇몇이 내 연구에 대해 크게 관심을 가지면서 마치 내가 엄청난 연구를 하는 것처럼 보고는 소위 〈뉴잉글랜드 저널 오브 메디슨〉 같은 데(그만큼 중요한 연구라고 봐 줘서 감사하지만, 지금 생각하면 어림도 없는 일이다) 출판하라며 격려해 준

일이 있었다. 그 큰 관심과 칭찬을 받고 나니 괜히 으쓱해져서 교수님한테 신나게 있었던 일을 얘기한 적 있었다. 그랬더니 교수님은 덩달아 신나하기는커녕 관심이 많을수록 비판도 많을 것이라며 연구 과정 하나하나에 실수하지 않도록 신중하라고 조언해 주셨다. 김이 팍 샜지만, 틀린 말이 아니었기에 곧장 다시 침착과 긴장 모드로 돌아갔다.

나의 주 지도 교수님은 실용적인 도움을 주실 뿐만 아니라 가장 필요할 때 정서적인 지지를 주시는 분이시기도 했다. 박사 과정을 시작하자마자 학교에서 내게 오피스를 배정해 주었지만, 그 오피스에 정기적으로 출근하는 사람은 거의 없었다. 몇 주 뒤, 교수님이 박사 생활이 어떻냐고 물어보시길래 우스갯소리로 오피스는 좋은데 사람이 없어서 좀 적적하다고 말했는데 교수님이 바로 학교에 전화해서 내 오피스를 다른 박사생들이 많은 곳으로 바로 옮겨 주신 것이 아닌가. 이뿐만 아니라 교수님은 내가 연구에 필요한 것이 있다면 누구에게든 연락해서 실용적인 도움을 주려고 노력하셨다.

처음은 교수님과 함께 바르셀로나에서 열린 국제 학회에 간 적 있었는데, 교수님의 다른 지도 학생이 구두 발표를 하게 됐다. 그 지도 학생이 구두 발표를 마치자마자 교수님은 짧게 "잘했어."라고만 말하시고 자리를 뜨셨는데, 학회장 밖에서 다른 교수님들을 만나서는 정말 훌륭한 발표였다며 엄청 칭찬을 하시더라. 교수님의 이러한 '츤데레' 기질은 내 바이바(박사 논문 구두 심사)에서 다시 한번 더 확인할 수 있었다. 내가 구두 심사를 받으러 심사장에 들어가자 교수님은 짧게 "행운을 빈다."라고 말씀하시고는 심사 결과를 기다릴 때 오겠다며 금방 자리를 뜨셨다. 구두 심사를 마치고 심사 결과를 기다리고 있다고 교수님께 연락을 드렸는데, 조금 늦으셔서 어쩔 수 없이 결과를 먼저 듣기로 했다. 심사 위원들로부터 논문 심사가 무사히 통과됐다는 결과를 듣게 되었고 나는 무척이나 기뻤지만, 교수님이 아직도 보이질 않는 것이다. 그래서 슬슬 정리하고 마무리하려던 찰나, 땀을 뻘뻘 흘리시며 빨간 자전거를 끌고 헐레벌떡 달려오시는 교수님을 봤다. 교수님은 결과를 듣자마자 정말 난생처음으로 아이처럼 엄청 기뻐하시면서 어깨를 꼭 안아 주셨다. 그 모습은 박사 생활 3년의 내 인고의 시간을 보상할 만큼 엄청난 기쁨을 안겨 주었다.

지도 교수님과의 원활한 관계를 이끌기 위한 조언들

다음은 성공적인 박사 학위를 마치기 위해서 가장 중요한 지도 교수님과의 관계에 대한 팁을 네 가지로 요약해 보았다.

첫째, 지도 교수님은 지도 학생을 뽑을 때 성적이 우수한 순서로 선택하지 않는다. 연구 방향이 맞고, 커뮤니케이션이 잘될 것 같고, 무엇을 하는지 정확히 알며, 열정적으로 잘할 것 같은 사람을 더욱 선호한다. 따라서 지도 학생도 미래의 지도 교수님을 물색할 때 교수님이 이룬 업적만 보고 선택하는 것이 아니라, 지도 방식과 커뮤니케이션 방식이 나와 잘 맞는지를 아는 것이 가장 중요하다.

둘째, 지도 교수님과의 미팅을 효율적으로 활용하라. 지도 교수들은 보통 학생 지도뿐만 아니라 여러 가지 프로젝트와 업무들로 상당히 바쁘다. 체력적으로도 정신적으로도 바쁜 일정 중에 짬을 내서 미팅을 하기 때문에 이를 최대한으로 이용할 줄 알아야 한다. 미팅 전에는 지난 미팅 이후로 어떤 진전이 있었는지 요약하고, 어떤 것을 토론하고 싶은지를 분명하게 해서 늦어도 미팅 전날에는 공유하는 것이 좋다. 미팅이 끝난 후에는 어떤 것을 토론했고, 다음 미팅까지 어떤 플랜으로 진행할지를 공유한다면 정리도 되고 놓치는 것 없이 프로젝트를 진행하는 데 좋다.

셋째, 교수님의 칭찬에 목말라하지 말자. 칭찬을 하는 것은 개인차가 크다. 아무리 지도 학생 프로젝트에 관심이 많고 학생의 성취도가 만족스러운 수준이라 할지라도 의도치 않게 칭찬에 인색하신 경우도 많다. 교수님과 합의한 계획대로 잘 진행되고 있다면 그걸로 충분하다.

마지막으로, 지도 교수님을 귀찮게 하라. 하지만 궁금한 것을 묻기 전에 먼저 답을 찾으려고 노력한 다음에 문의하라. 지도 교수님들은 지도 학생이 무엇이든지 완벽하게 척척 해낼 거라고 기대하지 않는다. 오히려 정말 실패 없이 해낸다면 정말 제대로 하고 있는지 의심이 들 수도 있다. 모르는 것이 있다면 혼자서 끙끙 앓지 말고 교수님의 오피스 문을 두드리는 게 훨씬 효율적이다. 지도 교수님이 모든 것에 대한 해답을 내놓지 못하더라도 함께 토론하는 과정이 답을 찾는 데 도움이 될 수 있고, 또는 도움이 될 만한 사람을 연결해 주기도 한다. 박사 학위 논문은 내 본인의 연구이기 때문에 무슨 방법을 써서라도 내가 제대로 아는 것이 중요하다는 사실을 절대로 잊어서는 안 된다.

일곱.
선우의 이야기

영국 교수들로부터 지혜롭게 지도받은 나만의 비법
: 자기 객관화, 다름에 대한 상호 인정

나는 현재(2025년 5월) 영국의 골드스미스 런던 대학교 (Goldsmiths, University of London)에서 사회학적 관점으로 현대의 도시와 공간을 공부 중인 박사 과정 3년 차 연구자이자 학생이다. 박사 과정을 결심하게 된 이유는 영국에서 취득한 두 개의 석사 학위 과정[21]을 공부하면서 뚜렷해진 학문적인 관심들을(특히 수직 도시 공간을 통해서 바라본 공동체의 해체와 개인의 고립 문제) 전문적으로 연구하고 싶다는 열망이 생겼고, 자연스레 지금의

---

21 2019-20년도에 나는 근대 유럽 철학 연구소(CRMEP(Centre for Research in Modern European Phi-losophy)에서 근대 예술 철학을 중점적으로 수학했으며, 2020-21년도에 골드스미스 런던 대학교에서 사회학(Sociology)을 공부했다.

학문의 여정에 이르는 동기가 되었던 것 같다. 2020년까지 근대 유럽 철학 연구소에서 칸트부터 시작되는 근대 예술 철학과 예술 이론을 공부했고, 석사 논문에서 평창 올림픽에 숨겨진 민족주의 (nationalism)를 공간적 접근을 통해 분석하였다. 꾸준히 공간에 대한 흥미를 이어 오던 중 공간에 의한 사회적 불평등이라는 부분으로 관심이 확장되어 고민 끝에 사회학으로 새로운 학문 여정의 길을 틀었다. 2021년 9월에 정치적으로 진보적이며 도시 연구에 관하여 창의적인 연구 방법을 적극적으로 수용하는 학계 분위기를 가진 골드스미스 런던 대학교 사회학 과정에서 두 번째 석사 공부를 시작했고, 박사 과정까지 이어져 현재에 이르고 있다. 흔히, 남들은 한 번의 석사 과정과 한 번의 박사 과정을 거치는 데 반면, 나는 세 번의 대학원 과정을 경험한, 독특하다면 독특한 이력을 갖고 있기에 영국 유학 생활에 대한 중요한 마중물일 수 있는 전공 지도 교수와의 희로애락 에피소드를 이곳에 더 다채롭게 풀어 갈 수 있을 것이라 생각한다.

건설적 사유와 대화를 위한 기본적 소양: 교차 학문적 시각

'교수는 내가 교차 학문적 시각(inter-disciplinary)을 건설적으로 사유를 할 것이라고 기대하는구나!'라고 깨닫기까지는 첫 번째 석사 과정 시작 후, 그리 오래 걸리지 않았다. 영국의 고등 교육 체계는 분과 학문 내에 갇히지 않고 학제 간 교류를 선호한다는 것이다. 예를 들어, 근대철학을 수강할 때를 돌이켜 보면 근대 서양의 철학을 대상으로 하지만, 그 대상을 사유할 때는 철학 외에 민속지학(ethnography, 인간 사회와 문화의 현상을 다루는 학문), 인류학(anthropology, 인간에 대한 전박적인 연구를 다루는 학문), 사회학(sociology, 사회 전반을 다루는 학문), 미학(aesthetic, 예술과 철학에 대해 다루는 학문) 등의 다양한 인문 사회과학적 접근이 빈번히 인용되곤 했다. 두 번째 석사 과정 역시 마찬가지였다. 각 분과 학문은 여러 학문들 사이의 교류를 통해 확장하고 있었고, 그러한 수업들을 거치면서 나는 단일 분과 학문에 매몰되지 않고 다학제 간으로 접근하는 방식을 기본적으로 장착하게 되었다.

학제 간 사유는 지도 교수와의 공적 미팅 외에 사적 대화에서도 늘상 기본적인 소양으로 받아들여지고 있으며, 그로 인해 동양의 관점과 서양의 관점이 대화의 장에서 섞이고, 다양한 주제도 다양한 방법론과 개념들로 다룰 수 있었다. 낯선 경험이었지만 나 자신이 학문적으로 깊어지고 있다는 생각에 뿌듯했다.

튜터링: 지도 교수와의 미팅은 가능하면 대면으로 하자

박사 과정은 시작하는 순간부터, 혹은 시작 이전부터 지도 교수가 정해지고, 박사 과정의 90% 이상이 지도 교수의 일대일 지도 형식으로 채워지는 것이 영국 박사 과정의 특징이다.

2022년에 박사 과정을 시작했을 때, 여전히 2020년 코로나19의 영향이 남아 있었다. 코로나19 이전인 첫 번째 석사 과정 수학 시기와는 다르게 지도 교수들은 지도 편달 방식으로 현장 대면과 온라인 미팅의 혼합된 방식을 선호했고, 몸에 약간의 이상 징후만 나타나도 온라인으로 만났다. 어떤 사람은 장소에 묶이지 않는 온라인 형태의 면담을 선호할 수도 있겠지만, 개인적으로 나는 현장에서 나누는 대화를 추천한다. 사회학 석사 때, 논문 지도 교수 B는 나에게 많은 부분을 신경 써주지 못했다. 한 번은 이런 일도 있었다. 나는 약속된 일정에 맞춰 논문도 철저히 준비하고 시간에 맞춰 대기를 하고 있었는데, 온라인 미팅에 접속한 순간 B 교수가 차량 안에서 인사를 건넸다. 그는 여행 중이라고 말했다. 나는 내심 황당했고, 교수가 논문 얘기를 시작하지 않는데 내가 얘기를 적극적으로 할 수 없으니, 그날 교수와 안부를 묻는 수준의 대화 이상을 넘지 못했다. 석사 과정에서 몇 번 안 되는 소중한 지도 교수 면담 시간 중 한 번의 기회가 날아간 것이다. 대면으로 약속했더라면 B 교수는 그래도 성실하게 면담을 준비했을 건데, 아쉬웠다.

영국에서 석사 과정은 빡빡하기로 유명하다. 1년이라는 시간을 세 학기로 나누는데, 앞선 두 학기에는 수업을 듣고 과제를 제출하고, 그 와중에 세 번째 학기에 써야 하는 논문도 미리 구상해야 하기에 정말로 숨 돌릴 틈이 없다. 지도 교수 배정은 조금더 일찍 정해지지만, 논문 지도 교수는 마지막 학기인 3학기가 되어서야 만나게 된다. 3-4개월이라는 짧은 기간 안에 논문을 쓰게되는데, 지도 교수와는 시간의 제약이 있어서 3-4번 정도만 미팅을 한다. 정신없이 논문 작성을 끝낸 후 지도 교수의 이름을 입력하고 논문을 제출하게 되면 내심 불안한 마음이 든다.

"제대로 된 건가? 제대로 한 거겠지…."

박사 진학을 계획하고 있던 나는 "박사 때도 이런 느낌이면 어떻게 하지?"라는 걱정을 떨칠 수 없었다.

그러나 우려와 달리 박사 과정에서 내가 경험하고 있는 논문지도는 나를 고독하게 내버려 두지도 않았고, 지도 교수로부터사려 있는 지도 편달을 받고 있어서 만족스럽다. 지도 교수는 항상 나를 격려해 주었다. "우리는 너를 떨어뜨리기 위해 여기 있는게 아니다"라는 말을 입에 달고 있는 것처럼 반복했다. 운 좋게좋은 교수를 만나서 좋은 관계를 가질 수 있었던 걸까?

좋은 관계를 통한 좋은 교수 만들기

교수와의 협력과 소통은 석사 과정에서도 중요하지만, 박사 과정에서는 그 중요성이 수십 배, 아니, 수백 배는 증가한다. 소위 '스킨십'의 빈도와 밀도에 비유해서 설명해 보자면, 석사 과정에 비해 지도 편달의 빈도도 10배 이상 많아지는 데다가, 논문에 몰두하는 몰입도가 훨씬 강렬해진다. 보통의 경우, 박사 생활을 하면서 지도 교수와 교류할 수 있는 기회는 공식적으로는 매달 1회 정도 진행되는 면담 시간에 주어진다. 나는 그 '공식적으로' 주어진 경우에만 만나고 마는 것이 너무나 아깝게 느껴졌다. 지도 교수는 대개의 경우, 특정 연구 단체에 소속되어 있고, 그 단체는 십중팔구 정기적인 모임이나 특별 세미나 혹은 컨퍼런스를 개최하기 때문에 나는 그 기회를 포착했다. 박사 1년 차 전반부는 첫 번째 지도 교수인 알렉스(Alex)와의 독대로만 진행되었다. 두 번째 지도 교수 마이클(Michael)은 개인 일정으로 인해서 몇 달째 미팅을 참여하지 못했고, 얼굴도 보지 못한 그의 빈자리는 오히려 익숙해지던 즈음이었다. 어느 날, 마이클이 조직한 공개 세미나가 진행된다는 정보를 들었고, 그의 통찰과 조언이 필요했던 나는 굳이 세미나에 참석했다. 각자 소개하는 시간이 있었는데, 나는 마이클이 나의 존재를 인지하게 하고 싶었지만, 직접적으로 지도 학생이라고 하기보다는 사회학과 박사생이라고만 밝혔다. 당시 사회학과에 한국인 박사생은 나 혼자였기에, 나의 이름을 들은 마이클은 '저 친구가 내 지도 학생이로군!'이라고 생각했을 것이다. 그런 영악한 처신의 효과였을까? 마이클은 논문 튜터링에 두 번째 지도 교수로서 참여하고 싶다는 의사를 알렉스에게 내비쳤고, 비로소 세 명이 머리를 맞대는 미팅이 시작되었다.

그렇게 만나게 된 지도 교수 두 분은 상반된 성향을 가진 분들이었다. 영국인 교수인 알렉스의 경우, 앞에서는 미운 말을 못하는, 혹은 학생이 받을 상처를 두려워하는 심성이 착한 사람이었고, 스위스인 교수인 마이클은 직접적으로 내가 신경 써야 하는 부분들에 대한 피드백을 현장에서 즉각적으로 제공해 줬다(나는 여기서 민족적 특성을 얘기하는 것은 아니고, 다만 영어권과 비영어권 교수의 표현의 차이가 다를 수 있음을 조심스레 언급한다). 두 명의 지도 교수는 상반된 특성을 가졌기 때문에 각기 다른 관계가 형성되었다. 지도 교수의 성격을 파악하는 일은 만족스럽고 효과적인 지도 편달을 받는 일에서뿐만 아니라 정서적인 소통이라는 측면에서도 중요하다. 한국처럼 위계가 있는 구조와는 다르게 영국의 지도 교수들은 비교적 평등한 위치로 지도 학생을 대해 준다.

지도 교수와 오랜 시간 여러 차례의 미팅을 가진 후 내가 깨달은 점은, 교수와 나의 관계를 잘 만들어 가기 위해서는 서로 간의 관점의 차이, 교수의 학문적 관심, 정치적 특성, 경제적 위치 등을 빠르게 파악하는 것이 필요하다는 것이다. 한 시간에서 한 시간 반 남짓의 대화 시간 동안 박사 논문에 대해서만 대화를 나누는 것은 아니다. 박사 과정 초반에는 내 글을 토대로 서로가 탐색전을 펼치기도 했다. 각자의 정치적 성향을 알아보고자 했고, 글 외에도 당시에 발생하는 사회적 사건들을 시작으로 확장된 주제로 넘어가 서로의 입장을 가늠하기도 했으며, 때로는 각자의 가족을 포함한 사생활에 대한 정보도 차츰차츰 알아 가는 시간을 가졌다.

이러한 비공식적인 대화는 학생과 교수를 끈끈하게 이어 주고, 다음 만남을 자극하는 원동력으로 작용하기 때문에 무척 중요하다. 혹시라도 함부로 상대방의 의견을 판단하는 한국식 문화에 상처받는 분들이 있다면 이러한 연유로 자신의 생각을 드러내는 것을 미리 겁내지 마시길 바란다. 특히, 글을 전개하는데 미리 나눴던 얘기들은 자신의 주장을 펴낼 때 그리고 지도 교수를 설득해야 할 때 큰 도움이 된다. 물론 동시에 어떤 주제에 관하여 쉽게 단언적인 표현을 하는 것 역시 조심해야 한다.

박사 논문 주제의 특수성에서 비롯된
영국식 논문 작성의 어려움

한국 학생이 영국 석박사 학위 논문을 쓸 때, 대개 한국 사회 혹은 해당 민족성을 가진 사례를 연구 대상으로 삼는다. 그 이유는 박사생 연구자도 자신의 문화적 친숙함과 익숙함이 있기 때문에 그 주제를 더 선호하기도 하지만, 지도 교수들 또한 학생이 해당 주제에 대해 이해가 높지 않은 타 문화권의 사회보다는 더 잘 알고 익숙한 사회에 대해 다룰 것을 권장하기 때문이다. 나 역시 같은 이유로 논문 주제로 한국 도시 공간을 사회적 문제를 연구하는 틀로 택했다. 다만, 나에게 익숙한 주제와 글이 갖게 되는 문화적 특수성은 지도 교수와의 소통 방법에서 설득의 문제로 다가올 수 있다는 걸 뒤늦게 알게 되었다. 논문 지도에서 한국의 맥락을 모르는 교수님들을 매 순간 설득해 가야 하는 난관에 봉착하게 되었다.

내 논문은 간단하게 설명하면, 고층화되고 파편화된 도시 공간에서의 거주자들의 일상을 사회학적인 관점으로 연구하는 것이다. 내 연구는 '서울의 확장(혹은 수도권의 도시 발전 모델)이 오피스텔에 사는 일인 청년 가구들의 일상과 감각적 경험에 어떤 영향을 끼치고 있는가?'를 다룬다. 그렇기에 이런 주제와 정확하게 일치하고 그것을 전방위적으로 도와줄 수 있는 지도 교수를 만난다는 것은 거의 불가능하며, 내가 지도 교수에게 기대하는 것은 방법론 혹은 이론을 보완해 주거나 이상한 논리의 전개를 지적하고 보완해 주는 정도이다. 도시에 대한 감각적이고 관계적인 관점들을 연구에 녹여 내고 싶던 나는 첫 번째 지도 교수인 알렉스 리스-테일러(Alex Rhys-Taylor)로부터는 도시 내 감각이 갖는 중요성에 대해, 두 번째 지도 교수 마이클 구겐하임(Michael Guggenheim)으로부터는 넓은 범위로 확장된 '행위자'를 파악하는 방법에 대해 도움을 받을 수 있었다. 4주에서 6주를 간격으로 우리는 꾸준히 모임을 진행하였다. 그들은 앞에서는 나의 부족한 글에 대해 칭찬을 아끼지 않으면서 격려했고, 서면으로는 비판적이고 명쾌한 코멘트를 남겨 주어서 나를 학문적으로 발전시켜 주었다. 그리고 지도 교수는 내 논문에 대해서만 조언하는 것에 그치지 않고, 연구자로서의 자세에 대해서도 의견을 피력해 주곤 했다. "'왜 공부를 하는가?'를 고민해라", "자네가 연구 주제를 선택할 때는 그 연구가 어떤 사람들에게 읽힐 것인지, 그것이 사회 현장에 어떤 영향을 줄 수 있는 주제인지도 중요하게 고려하라".

한국 학생의 학습된 습성에 관한 성찰

골드스미스 런던 대학교 대학원 사회학과에 속해 있는 도시 및 공동체 연구소인 CUCR(Centre for Urban and Community Research)이 주최한 한 워크숍에서 겪은 일이다. 간단한 자기소개 시간이 있었는데, 나는 외국인들만 가득한 세미나장에서 긴장감으로 인해 갑자기 목이 부풀어 올랐고, 목소리가 제대로 나오지 않았다. 머릿속이 하얘지면서 "한국의 도시 발전에 대한 비판적인 연구를 진행하고 있다"라는 단순한 문장도 명료하게 떠오르지 않았고, '주로 영국인과 유럽인인 이들에게 한국의 도시 문제를 어떻게, 어디서부터 어디까지 설명해야 하지?'라는 생각 때문에 당황하고, 그야말로 패닉 상태에 빠졌다. 결국 나의 연구에 대해서 논리적으로 제대로 설명하지 못한 채, 한국에서는 한 번도 경험해 보지 못한 얼굴이 붉어지는 상황을 겪어야만 했다. 평소 같으면 차분하고 자신감이 넘쳤을 나였는데, 왜 그렇게까지 당황했을까? 스스로 자성적 분석을 해 본 결과, 박사 논문 주제는 '보편적'이어야 한다는 내가 갖고 있던 소심한 생각 때문이었다. '내 논문에서 지극히 한국적인 주제와 도시 문제를 다루고 있는데, 영국인들에게 흥미로울까? 이 주제에 대중적 관심을 가질까?'에 대해 의구심도 있었다. 결국 이는 내 논문의 소개에 대한 막연한 두려움으로 작용했다. '왜 한국 도시 발전에 대한 사회학적 연구가 굳이 영국에서 진행되어야 하는가?'라는 스스로에게 반추하는 질문은 내 연구를 소개하는 내내 나를 끊임없이 괴롭혔다. 하지만, 나의 고민이 지나친 계룩임을 얼마 지나지 않아 알게 되었다. 워크숍 쉬는 시간에 많은 연구자들은 나의 주제가 가진 이색적이고 참신한 시각을 칭찬하며 학문적 흥미를 표현해 주었다. 여러 질문들을 던져 주었고, 그것을 편안한 분위기에서 답하면서 스스로 자신감을 찾게 되었다.

그리고 고백하건대 매달 진행되는 초반 지도 면담에서도 서양에서 공부하는 위축된 한국 학생의 모습을 보였다. 면담 시간을 위해서 열심히 공부하고, 글을 쓰고도 막상 지도 교수 앞에 가면 꿀 먹은 벙어리가 되곤 했다. 답답한 마음에 '왜 그럴까?'를 스스로 분석해 봤다. 첫 번째는 수동적인 학생으로서의 태도가 몸에 밴 이유였고, 두 번째는 연구 발전이 더딘 것에 대한 불안감이었으며, 세 번째는 다양한 관점을 가진 학자들과 그들의 레퍼런스를 쉴 틈 없이 쏟아내는 지도 교수의 아우라에 압도되었기 때문이었다. 사실, 국적을 불문하고 많은 박사생들이 공감하는 점은 면담 시간에서 교수가 80~90% 정도의 대화 지분율을 가지고 있고 학생들은 고개를 끄덕이며 듣고 있다는 것인데, 나는 나만 그런 것 같다고 느꼈었다.

돌이켜 보면, 석사 시절 같이 사회학을 공부하던 유럽인 동기들은 교수에게 질문을 함에 거침이 없었다. 스위스에서 온 한 친구는 종강 뒤풀이 때 교수에게 '연봉'을 직접적으로 묻는다거나, 교수가 모를 법한 상식 문제를 골라서 답을 하지 못하는 교수에게 무안을 주는 장난을 치기도 했다. 하지만 한국처럼 교수와 학생 사이에 위계가 뚜렷한 도제 관계의 삶을 살아온 나는 교수들의 지도 편달을 받을 때 오는 학문적인 즐거움은 있었지만, 사적인 교류를 할 수 있는 용기를 크게 내지는 못했다. 심지어 장난이라니, 언감생심, 꿈도 꾸지 못했다.

나중에 들은 얘기지만, 영국을 포함한 유럽 출신 박사생 친구들도 자신의 연구가 좌절되고 뒤집어지는 순간마다 소심해지고, 불안해지고, 스스로의 연구 역량을 믿지 못하게 되기도 했다고 한다.

영국 유학 생활: 변수의 상존

마무리하기 전에 조금은 무거운 이야기를 꺼내 볼까 한다. 유학 생활 중에는 학생이, 혹은 개인이 어찌할 수 없는 외적 변수들이 돌발할 수도 있다. 가장 대표적인 예로는 최근에 발생한 코로나19가 있었다.

내 경우는 전혀 예상하지 못한 규모의 학내 사태를 경험했다. 2024년 4월, 학교 경영팀은 11개 학과에 속해 있는 133명의 정규직 교수를 해고하겠다고 발표했는데, 학과 개편이라는 명분이었지만 실상은 돈이 안 되는 과를 축소시키려는 것이라고 관계자들은 판단했다. 6월에는 캠퍼스의 건물 하나를 교수 학생 연합이 점거하며 반대 의사를 강력하게 표현했다.

교직원 대량 해고를 비판하는 대자보가 걸린
골드스미스 런던 대학교 정문(저자 직접 촬영)[22]

    나를 포함해서 박사생 동료들은 탄원서를 제출하였고, 학교 경영팀과 소통을 희망하는 항의 메일을 보냈으나, 어떠한 적절한 답변도 받지 못했다. 2024년 7월 1일, 사회학과 소속 27명 중 17

---

22 관련된 기사로는 〈Student sit-in at Goldsmiths in protest over planned job cuts(theartnews-paper.com)〉와 〈Cultural and social vandalism': job cut plans at Goldsmiths attacked | Goldsmiths, University of London | The Guardian〉를 읽어 보시기 바란다.

명의 교수가 학생들에 대한 헌신, 지금까지 쌓아 올린 학문적 기여를 무시당한 채 해고라는 가혹한 편지를 받았다. 많은 교수들이 해고되었고, 많은 박사생들은 졸지에 지도 교수를 잃게 되었다. 4월부터 8월까지 우리의 정신은 심각하게 피폐해졌다. 2021년부터 행정이 중앙화되면서 사회학과의 개별 행정 직원이 없었기에 나와 박사생 동료들은 이런 비상사태에서도 학교나 교수와 소통할 길이 없었고, 답답한 상황을 속수무책으로 견뎌야 했다.

내 경우에는 보다 답답한 것이 7월에 예정되어 있던 업그레이드[23]가 무기한 연기되었다는 것이다. 첫 번째 지도 교수가 해고 대상자라는 정보를 입수한 나로서는 업그레이드를 논의할 메일을 지도 교수에게 차마 보낼 수 없었다. 축복과도 같았던 두 교수의 적극적이고 사려 깊은 지도와 시간은 암흑기에 접어들었다.[24]

나중에서야 알게 되었지만, 사회과학과 인문학 분야에 대한 정부 예산 축소는 이미 보수당 정권 때부터 시작된 오랜 역사였고, 지금의 상황은 어느 정도 예견된 현상이었다. 2021년에도 시장성이 없는 학과 통합 및 폐지(교육학과와 역사학과), 인력 감축을 위한 행정 중앙화에 반발한 학내 시위가 몇 개월 지속되기도 했

---

23 각 학교마다 시기가 다를 수 있지만 골드스미스 런던 대학교는 박사 과정을 등록하고 18~24개월 사이에 업그레이드라는 시험을 통과해야 비로소 박사생 신분으로 전환된다. 이 과정을 실패하게 되면 MPhil에 해당하는 자격증 정도가 주어진다.

24 결국 많은 박사생 동료들이 지도 교수를 잃었지만, 운이 좋으면서 동시에 씁쓸하게도, 나의 두 지도 교수는 대량 해고라는 위험에서 살아남았다는 것을 밝힌다.

다. 이후에는 흑인 역사와 관련된 강의를 비롯한 여러 가지의 학문적 다양성이 무너지는 것을 매년 경험해야만 했다. 2024년 7월 5일, 영국은 총선에서 노동당이 압도적인 과반수 의석을 확보하며 정권 교체를 이끌어 냈지만, 안타깝게도 대학교의 구조 개편에 큰 영향을 주지는 못했다.

이러한 어려운 상황도 어느 정도 소강상태에 다다르자 지도 교수를 포함하여 살아남은 교수들은 학생들을 챙기고자 적극적으로 움직였다. 또한, 몇 차례에 걸쳐서 그들에게 안부를 전하고 응원의 메시지를 건넸던 메일들이 우리의 관계를 더욱 끈끈하게 만들었다. 해고의 위기를 먼저 벗어난 마이클 교수의 연락과 사려 깊은 관심이 아니었다면 버티기 힘든 5개월이었을 것이다.

이상은 전혀 예상치 못했던 유학 생활에서 돌발한 변수 중 하나에 대한 이야기이다.

마무리하며…

이 글을 읽는 독자는 마지막에 언급된 상아탑의 붕괴 상황이 비관적이고 특수한 상황이라고 여길 수도 있다. 그러나 긴 박사 여정 동안 학과의 통폐합과 구조 개편으로 인한 지도 교수의 교체 혹은 부재는 생각보다 빈번하며, 이 외에도 다양한 이유로 인해 많이 발생한다.

영국 혹은 전 세계의 정치, 경제 문제는 본인이 지원하고자 하는 과에, 혹은 공부를 하고 있는 와중에도 직간접적으로 영향을 끼친다. 코로나19와 같은 대유행이 다시 오지 않을 것이라는 보장이 없으며, 자신의 연구 분야에 대한 확신과 신념으로 박사 과정을 밟는 연구자들에게 때로는 변화하는 국제 정세뿐만 아니라 교수의 정치적 성격(계급적, 젠더적, 인종적 차이)은 큰 장애물로 작동할 수도 있다. 박사를 하는 사람들의 목표는 제각각 다르겠지만, 박사 과정 이후 자신의 독자적인 연구를 하고 싶은데 한국에는 그것을 채워 줄 연구 분야 혹은 지원이 없는 경우 영국을 선택하는 경우가 많다.

아마 이 글을 읽는 독자들은 다양한 박사(생)분들의 수필을 읽으면서 흔히 얘기하는 불가항력적인 요소들에 지레 걱정할지도 모른다. 그것은 개인의 건강에 대한 문제일 수도 있고, 지도 교수와의 급작스러운 이별일 수도 있다. 그러나 석·박사 기간 4년을 보낸 나의 소회를 밝히자면, 영국에서 유학하면서 '낯설고 다른 많은 것들을 적극적으로 대면하고 지혜롭게 극복하고, 돌발 변수에는 좌절하지 않고 주위에 있는 동료 혹은 교수와 협력하면서 대처한다면' 그 누구라도 후일 유학 시절을 추억할 때 제법 잘 살았노라고 스스로를 칭찬하게 될 것이라고 확신할 수 있다.

테마 4

박사 연구 과정
(현장 연구 데이터 수집)을
통한 성장기

여덟.
동혁의 이야기

영국에서 국내 테마파크 이해관계자들과
인터뷰를 진행한 과정

박사 과정 준비와 초기 면접

2018년, 박사 과정 입학 전의 일이다. 코번트리대학교에서 석사 과정을 마칠 즈음, 박사 과정에 흥미가 생겼다. 마침 석사 때 지도 교수님이 내가 관심이 있는 분야에 대해 책도 집필한 전문가셨다. 그분께 박사 과정을 함께하고 싶다는 의사를 밝히는 말씀을 드리니 흔쾌히 허락해 주셨다. 모든 박사 과정이 그러하겠지만 나는 이미 지도 교수님의 입학 허락을 받았음에도 학교 입학처의 행정적 입학 절차를 형식적으로나마 거쳐야 했다. 나는 지도 교수님과 지도 교수님의 팀에 합류할 교수님 한 분, 총 두 분 앞에서 연구 제안서에 대한 면접을 봤다. 이 자리는 나의 박사 과정 자질을 파악하기보다는 향후 연구 계획에 대해 보다 구체화하는 자리에 더 가까웠다. 당시 지도 교수님께서는 사례 연구(case study)를 제안하시면서, "네가 한국인이니 한국 사례를 연구해 봐."라고 말씀해 주셨다. 그만큼 자료를 얻고, 이해하고, 해석하기 훨씬 수월하다는 이유에서였다.

시간이 흘러 2020년 초, 1년 차 Progress Review Panel 1[25]을 마치고 박사 2년 차 자료 조사가 핵심 과제로 정해졌다. 큰 틀에서의 내 연구 주제는 지역 사회 기반 관광 접근법(Community-based Tourism)[26]이었고, 이 주제에는 크게 설문 조사와 인터뷰 두 가지 방법이 가장 빈번하게 사용되었다. 내 연구는 이 접근법을 테마파크와 연결시켜서 지역 구성원들이 의사 결정 과정에 참여하지 못하게 되는 장벽과 참여를 가능케 하는 동인 요인을 분

---

25 Progress Review Panel(PRP)은 매년 9개월 차에 진행되는 일종의 구술 시험으로, 한 해 동안 실적을 발표하고 다음 해 계획을 설명하는 자리이다. Panel은 교내 동일 전공의 교수님들로 구성되며, 이 시험을 통과해야 다음 연차로 넘어갈 수 있다. 결과에 따라 최악의 경우, 유급될 수 있기 때문에 준비하며 받는 심리적 스트레스가 엄청나게 크다.

26 지역 사회 기반 관광 접근법(CBT)은 지속 가능한 관광(Sustainable Tourism)의 일환으로 개발된 관광 개발 접근법 중 하나이다. 중앙집권적인 양적 중심 개발에서 벗어난 다양한 이해관계자의 참여와 협력을 핵심 가치로 삼고 있으며, 갈등 완화, 문화와 자연 자원 보호 그리고 주민 권한 향상을 목표로 하고 있다. 매우 이상적인 접근법으로 비판을 받고 있지만, 지속 가능한 개발의 성취할 수 있게 하는 가장 중요한 접근법으로 세계 관광 기구(United Nations World Tourism Organization; UNTWO)에서도 적극적으로 권고하고 있다.

석하는 것이었다. 주제를 잡고 문헌 연구를 수행하다 몇 가지 문제점을 발견하였다. 우선, 한국에서는 아직까지 이 접근법에 대해 진지하고 깊은 논의가 이루어지지 못하고 있었다. 해외에서는 주로 사례조차 주로 지역 단위(마을 혹은 도시)의 개발과 국립공원을 사례로 연구가 수행되어 왔다. 테마파크와 관련된 연구는 대체로 상업 마케팅 측면에서 수행된 것이 전부였고, 이 둘을 연결시킨 국내외 선행 연구는 찾아볼 수 없었다. 데이터를 검증하는 차원보다는 새로운 데이터를 발견하고 제시하는 역할이 내 박사 논문에 더 적합하다는 판단하에 양적 연구보다는 인터뷰를 기반으로 한 질적 연구를 수행하게 되었다. 자료 조사 초기 나의 생각은 인터뷰를 통해 어느 정도 요인들이 발견되면, 이 요인들을 갖고 설문 조사를 할 계획이었다. 그러나 설문 조사를 할 계획은 금세 철회했다. 이유인즉, 인터뷰 조사만으로도 상당한 시간이 소요되기 때문이었고, 설문 조사까지 더하면 정해진 박사 과정 기한 내(약 4년)에 못 끝낼 것 같았다. 게다가 선행 연구들은 둘 다 수행하는 혼합 연구 방법보다는 단일 방법(질적 또는 양적)을 주로 사용하고 있었기 때문에 이전 방식보다는 더 깊이 있고 미묘한 관계자들의 경험들을 담아낼 수 있는 인터뷰만으로도 나의 주제에 대한 충분한 이론적·실증적 기여를 더 할 수 있겠다고 생각했다.

질적 연구(이해관계자들과의 인터뷰)를 하기로 결정한 뒤, 또 한

가지 걱정은 인터뷰를 온라인으로 진행하자니 영국과 한국 사이에 8-9시간의 시차가 있기에 인터뷰 대상자들과의 시간대를 맞추기가 매우 어려웠다. 반면, 오프라인으로 진행하자니, 당시 영국 코번트리대학교에서는 연구 목적의 해외 체류를 연 3개월밖에 허용하지 않았기 때문에 개개인을 3개월 만에 전부 만나기엔 터무니없이 짧은 시간이었다. 만약, 내 개인 휴가 기간인 한 달을 붙여 쓴다 하더라도 한국에 체류할 수 있는 기간은 고작 4개월뿐이었다. 그렇다고 포커스 그룹 인터뷰 방식처럼 여러 사람을 한 자리에 모아 두고 진행하는 방식을 하자니 인터뷰 대상자들의 개개인의 은밀한 목소리를 담아내기에 한계가 있었다.

2020년 상반기, 이 기간 영국 내에서는 코로나19 바이러스가 창궐하기 시작하고, 정부가 유례없는 강력한 봉쇄 정책을 시행하기 시작했으며, 관공서, 학교 등 수많은 기관들이 문을 닫았다. 전염병이 심각하게 전파되고 있는 상황에서 유학생들의 영국 탈출 러시가 시작되었고, 영국 학교 Remote Study를 허가해 주기 시작했다. 그렇게 나는 2020년 4월, 돌아올 기약 없이 자료 조사 목적으로 혼돈의 영국을 떠났다. 지도 교수님도 이러한 상황을 예측하진 못하셨겠지만 정말 다행스러운 점은, 첫 번째로, 영국 밖 체류 기간이 3개월이 아닌 수 개월, 혹은 몇 년까지도 시간이 허락되었다는 점이며, 두 번째로, 긴박한 상황 속 나의 한국 방문 시점이 상당히 앞당겨져서 인터뷰 대상자를 모집하는 일과 인터뷰 날짜를 잡는 일도 상당히 여유 있게 진행할 수가 있었다는 것이다. 더군다나 한국은 영국처럼 강력한 봉쇄(대면 미팅이 극히 제한되는 상황) 정책을 시행하지 않았기에 인터뷰 참가자들을 직접 대면하는 일도 가능했다.

자료 조사 방법론 선택

그렇게 한국에 귀국했다. 가장 먼저 한 일은 사례지와 잠재적 인터뷰 참여자를 선정하는 일이었다. 사례는 경기도 소재 G와 Y 테마파크로 정했다. 이유는 우선, 첫 번째로는 지역 사회를 개발 과정에 참여시킨 경험이 있다는 점이었고, 두 번째로는 각 지자체에서 공기업에 위탁하여 운영 중이었기 때문에 모든 문서들이 공개적으로 확인할 수 있었다는 것이다. 마지막으로는 두 곳 모두 집에서 그렇게 멀지 않은 위치에 있어서 교통비와 시간을 모두 아낄 수 있었다. 의도적 표집 방법(purposive sampling)[27]을 통해 이해관계자들로 선정했다. 인터뷰 대상자 선정 기준은 초기 연구의 목적과 질문들에 맞추어 다음과 같았다. 먼저, 테마파

---

27 의도적 표집 방법은 연구자가 특정 기준에 따라 자료를 얻기 위해 적합하다고 판단되는 대상자를 선별하는 표집 방법이다. 심층적이고 유의미한 데이터를 얻을 수 있고, 효율적이며, 연구자의 전문 지식과 판단을 활용해 표본을 구성할 수 있다는 장점이 있다.

크 개발에 참여한 경험이 있어야 했다. 장벽과 동인 요인을 알아내기 위해 실제로 개발에 참여한 주민과 관리자의 경험이 절대적으로 중요했기 때문이다. 또한 이들의 서로 다른 관점과 이해관계를 통해 겉으로 드러나지 않는 다이내믹을 분석하기 위함이었다. 이 기준을 충족할 만한 대상자를 찾기 위해 우선, 잠재 인터뷰 참가자의 경력과 경험이 명시된 공식 보고서와 계획서를 참고했다. 나는 문서를 보면서 마치 소설 속 등장인물처럼, 참여 경험이 있는 기관과 단체의 이름 목록을 작성해 갔다. 대상자 중에는 시민들이 주축이 되는 시민 계획단 포함이 돼 있었다. 다음으로, 지역에 거주하며 지역 문화에 대한 지식과 이해가 있어야 했다. 이 목적으로 선정된 대상자 중 인사 발령이 잦아 해당 지역에 대한 이해의 깊이 얕은 행정 직원과 공무원은 제외시켰고, 대신, 시민단체나 해당 지역에 거주하는 주민들이 주로 구성되었다. 핵심 이해관계자로서 이들을 빼놓고 CBT에 대해 연구하는 것은 어불성설에 가깝다.

연구 조사 기간에 들어가기 전, 연구 윤리와 관련된 사항들도 승인받아야 했다. 따라서, 나는 인터뷰 조사 전에 학교에서 제공해 준 양식[28]을 작성 및 제출해서 학교로부터 수행해도 좋다는 허락을 받았고, 참가자들에게 제공해 줄 동의서와 연구설명서도 한국어로 전부 준비해 놨다. 자료를 수집하고 분석하기 위해 여러 선행 단계를 거쳤는데, 초반에는 문헌 연구를 통해 주민 참여의 장벽과 촉진 요인(연구 주제)을 명시하는 이론적 틀을 구성했고, 이를 기반으로 인터뷰 설문지가 작성되었다. 설문은 각 참가자의 소속 및 역할에 따라 약간 변형을 시켰다. 참가자로부터 인터뷰 동의를 받은 후에 Teams와 Zoom을 통해 온라인 인터뷰가 진행되었고, 대면 인터뷰는 참가자의 편한 장소와 시간에 내가 맞추었다. 모든 데이터는 음성 녹음기를 통해 기록되었다.

이렇게 뒤에서 모든 준비를 철저히 수행했고, 인터뷰를 진행하는 것에 대해서도 자신감이 있었다. 솔직히 낯선 사람들을 인터뷰하는 것이 조금 떨리긴 했지만 한국인을 대상으로 수행되는 인터뷰였기에 외려 쉽게 생각했던 점도 있었다. 그리고 해외 대학에서 박사 과정 중에 있는 연구 학생이라고 소개하면 대다수가 인터뷰에 쉬이 응해 줄 줄 알았다. 하지만 예상과는 달리 거절의 연속을 맞이했고, 대상자들은 인터뷰에 응해 주지 않는 이유조차도 알려 주지 않았다. 보낸 메일과 전화에는 '아니오, 안 하겠습니다.'라는 짧고 차가운 대답뿐이었다. 시민 계획단에 대한 섭외 경우에도 쉽지 않았다. 지자체는 소속 시민들의 개인 정보 보안의 문제를 들어 계획단 측에 의견을 물어본 뒤 추후 연락을

---

28 영국 기준 해외에서 실제 사람을 대면하는 연구였기 때문에 학교에서는 더욱 구체적인 양식 작성을 요구했다. 연구 목적과 더불어 영국 정부 사이트에서 발간하는 한국 여행 정보를 제출해야 했고, 위험 평가(Risk Assessment), 비상 연락처까지 전부 작성해서 제출했다. 또한 학교에서는 연구 동의서와 연구설명서에 대한 양식도 제공해 주었는데, 여기에는 나와 지도 교수님들의 연락처, 데이터 보관 기한, 보호 방법 등에 관련된 정보가 적혀 있었고, 이를 한국어로 번역해서 인터뷰 시행 전 참가자들에게 전부 공유하고, 서명을 받았다.

주겠다고 했지만, 아무런 답을 들을 수가 없었다.

여러 차례 암묵적 거절을 거치면서 자신감이 급격하게 떨어졌다. 20대의 패기는 이미 사라진 지 오래. 요청하는 말투에도 자신감이 없어지고, 수락보다는 오히려 거절 반응이 예상되기 일쑤였다. 이를 반복하던 중, 한 공사에서 회신이 왔다. 인터뷰에 응해 주겠다는 첫 수락이었다. 날짜와 시간을 정하고 인터뷰 질문지를 다시 한번 검토했다. 기본적으로 모든 인터뷰는 반구조적 (semi-structured) 방법으로 시행되었다. 어느 정도의 가이드 라인만 있고 나머지는 즉흥적으로 발언자들의 목소리를 더 생생히 담아낼 수 있는 꼬리에 꼬리를 무는 질문들로 구성했다. 이 방법은 구조적 인터뷰 방식보다 인터뷰 대상자와 질문자 모두에게 융통성과 자율권 부여할 기회를 더해 준다.

다양한 이해관계자들과 진행한 인터뷰

첫 인터뷰를 준비하면서 마치 경연 프로그램에 참가하는 것같다는 생각이 들었다. 경연 프로그램을 보면 첫 참가자의 노래가 기준이 되어 다음 참가자의 평가 때 활용이 된다. 이처럼 첫인터뷰 내용이 기준이 되어 다음 인터뷰는 그 의견과 상반되거나 일치하는 부분을 찾아 더 집중 탐구 하면 된다고 생각했다.

그래서 첫 인터뷰는 엄청 상세하게 들어가기보다 좀 더 포괄적인 범위에서 수행하려고 하였다. 질문도 즉흥적 요소가 섞인 만큼 대답도 즉흥적 요소가 많아서 내 연구의 방향, 결과 그리고 더 나아가 참가자까지 바꿔야 할 수 있기 때문이다. 실제로 두 번째 인터뷰 만에 생각지도 못 한 획기적인 방향으로 튀었다.

두 번째 인터뷰 때의 일이다. G 테마파크는 H동에 위치하고 있는데, H동 행정복지센터는 주민과 공사의 가교 역할을 하고 있었다. 본 연구에 매우 중요한 정보를 제공할 수 있는 곳이었기에 연락을 하고 싶었지만, 홈페이지를 찾아봐도 메일과 전화번호가 나오지 않았다. 그래서 나는 고전적인 방법을 택했다. 편지를 쓰는 것이었다. 직접 복지센터를 찾아가서 연구에 대해 설명을 하며 센터장님을 뵙고 싶다고 했다. 센터장님이 부재중이라고 하였다. 그래서 작성한 편지를 내밀면서 전달이라도 해 줄 수 있냐고 요청드렸다. 집으로 돌아가는 길에 전화가 왔다. 받아 보니 아까 방문했던 센터였다. 센터장님께서 수락하셨다며 언제 시간이 가능하냐고 묻는 연락이었던 것이다. 바로 다음 날로 날짜를 잡고 센터장님을 찾아 뵈었다. 한 시간이 넘는 시간 동안 내 질문에 성심성의껏 답변해 주시는 와중에 세대 갈등, 눈치 문화 등에 대해 말씀을 해 주셨다. 이거였다. 내 연구의 주제는 참여를 방해하는 요인을 찾는 것이었고, 나는 이 요인들을 그룹과 그룹 간의 관계, 즉 주민과 정부, 주민과 운영 기관에서 찾으려고 했다. 그러나 그룹 내 관계에 대해서는 전혀 생각해 보지도 못했다. 이 유형의 갈등은 아직 많이 다뤄지지 않은 분야여서 이 부분을 잘 연구하면 좋은 성과로 이어질 수 있겠다는 생각을 했다. 마침 다음 인터뷰는 시민단체와 주민들이 기다리고 있어 이 요소를 질문 가이드 라인에 추가하였다.

시민단체와의 인터뷰에 앞서 주민 대표라는 분을 만났다. 개인적으로 이분이 제일 기억에 많이 남았다. 이분은 매우 적극적이셨다. 뭔가 마음에 쌓인 것이 많은 것 같았다. 주민의 입장에 서서 개발 과정에 참여하기 어려운 부분들을 상세히 알려 주셨다. 가장 흥미로웠던 부분은 공사의 답변과 완전히 상반되는 대답이었다. 공사에서는 주민들과 꾸준히 만나 의논하고 있다고 했지만, 주민 대표님은 그런 적이 없다고 하셨다. 명색이 주민 대표인데 어떻게 일이 진행되고 있는지 전혀 알 수가 없다고 하셨다. 이로부터 약 한 달 뒤, 주민 대표님의 소개로 주민으로 구성된 협의회 미팅에 초대를 받아 그룹 인터뷰를 진행하였다. 내가 녹음을 위해 녹음기를 꺼내니 주민분들이 촬영은 안 하냐고 물어보셨다. 그 이유를 물어보니 주민들이 받고 있는 피해를 찍어서 유튜브에 고발을 해 달라고 하시는 거였다. 나는 그저 박사 과정 학생이었지만 마치 나를 〈PD수첩〉, 〈그것이 알고 싶다〉의 PD 정도로 생각하시는 것 같았다. 연구자로서 그런 역할까지 맡을 수는 없었기에 죄송한 마음이 들면서도, 연구가 가진 힘이 느껴지는 것 같아 더욱 열심히 해야겠다는 생각이 들었다.

시민단체와의 인터뷰는 처음에는 대표님만 인터뷰를 하려고 했다. 연락이 닿은 곳의 사무실을 찾아가니 다른 분들도 같이 계셨는데, 이들은 알고 보니 내 연구 내용을 듣고 같이 대화를 하고 싶었다고 하셨다. 주민협의회와 마찬가지로 시민단체도 그룹 인터뷰를 진행했다. 사회학에서 가장 흔하게 쓰이는 방법이 포커스 그룹 방법인데, 나는 일반 그룹 인터뷰 방식을 택했다. 왜냐하면 포커스 그룹 인터뷰는 각 참가자의 다른 반응과 상호 작용을 관찰하는 것을 목표로 하지만, 이 두 단체의 경우 개별적보다는 집단적으로 움직이며 일하기 때문에 집단을 하나의 참가자로 간주해도 괜찮았기 때문이다. 그리고 집단 내에서도 계급이 있기보다는 동일한 레벨과 동일한 경험을 갖고 있었기 때문에 포커스 그룹 인터뷰 방식이 오히려 내 연구 취지와는 맞지 않았다.

시민단체와의 인터뷰도 성공적으로 끝마쳤다. 내가 사용하는 이론이 그분들의 평소 철학과 일치했는지 나에게 이런 연구를 해 줘서 감사하다는 인사를 해 주었다. 2020년 말, 그동안 다른 사람과의 인터뷰를 여러 차례 하면서 어느 정도 데이터도 충분히 쌓였다. 그런데 한 가지 문제점을 찾았다. 참가자의 연령대가 다소 높았다. 아무래도 각 단체의 대표자급에 준하는 사람들을 만나서 대화를 하다 보니 인터뷰 참여자의 연령대도 덩달아 높아졌다는 것이 내 연구의 한계가 되어 발목을 붙잡을 것 같았다.

특히 한국 사회의 주민 갈등 문제 역시 '눈치'와 '꼰대'로 대표되는 대인 갈등, 세대 갈등으로 인해 고통을 겪고 있다는 점에서 나는 연령대가 낮은 사람들의 의견도 듣고 싶었다. 동시에 테마파크와 관련이 없는 일에 종사하는 일반인들의 생각 역시 궁금했다.

따라서, 새로운 인터뷰 참여자들로는 일반적인, 평범한 청년층을 위주로 모집했다. 소셜 미디어에 광고를 올려 사람들을 모집했고, 지인들의 도움으로 해당 지역에 거주하는 청년들과 연락을 취할 수 있었다. 청년층과의 인터뷰는 약 8개월이 지난 시점이었던 2021년 8월 즈음에 진행되었는데, 그동안 모은 데이터를 정리하고 새로운 집단(청년층)과의 인터뷰 준비하는 데 시간이 어느 정도 필요했기 때문이다. 이들과의 인터뷰는 이전에 얻은 데이터를 보충 설명 하는 데에 아주 큰 기여를 했다. 이렇듯 2020년 말에서 2021년 중순까지 약 8-9개월에 거친 자료 조사가 무사히 끝났고, 코로나19가 어느 정도 잠잠해지고 무감각해진 2021년 11월, 다시 영국으로 돌아왔다.

영국으로 돌아와 기록해 둔 모든 오디오 파일을 워드 문서로 옮겨 적었고, 내용 분석(Content Analysis)[29] 기법과 삼각 측량법(Triangulation)[30]을 사용하여 연구 결과를 도출했다. 최종 분석을

---

[29] 내용 분석(Content Analysis) 기법은 텍스트, 이미지, 영상 등 다양한 형태의 데이터를 체계적으로 분석하여 의미를 도출하는 정성적 및 정량적 연구 방법론이다. 데이터를 분류하고 패턴, 주제, 또는 추세를 파악하는 과정을 통해 텍스트의 맥락을 이해할 수 있다. 또한, 명확한 코딩 규칙과 분석 단위를 사용해 결과의 일관성을 확보할 수 있다.

마치고 2023년 5월, VIVA를 최종 통과하며 논문 작성은 마무리 되었다. 그로부터 1년 뒤인 2024년 6월, 최종 수정본이 통과되었고, 이로써 길었던 5년이 걸린 연구가 마무리되었다.

인터뷰 미션 클리어 그리고 깨달음

글을 마치며, 사회학을 연구하면서 가장 크게 느낀 부분은 생동감이다. 내가 그린 스케치에 이들의 경험과 말들이 색을 칠해주어 학술적 지식을 더욱 풍성하게 만들어 주었다. 질적연구의 매력은 그저 연구실에 머물며 연구자 자신의 의견 또는 학술적 논의들만을 피력하는 연구가 아닌, 실제 경험을 통한 지식을 가진 사람들과 만나고 상호 작용 하며 만들어 가는 과정 자체가 새로운 지식이 될 수 있다는 점이 연구자로서 무척 뿌듯했다. 따라서 질적 연구 과정에서 논문이 작성되는 과정이 마치 드라마의 엔딩 크레디트를 보는 것과 같고, 많은 여운을 느낄 수 있다. 나

---

30 삼각 측량법(Triangulation)은 연구의 신뢰성과 타당성을 높이기 위해 다양한 관점, 방법, 데이터 출처, 또는 이론을 결합하여 분석하는 방법으로, 정량적 방법과 정성적 방법을 함께 사용하는 방법론적 삼각측량법(Methodological Triangulation), 서로 다른 출처나 시점에서 수집된 데이터를 활용하는 자료 삼각측량법(Data Triangulation), 다양한 이론적 관점을 활용하는 이론 삼각측량법(Theoretical Triangulation), 그리고 여러 연구자가 동일한 데이터를 분석하는 연구자 삼각측량법(Investigator Triangulation)으로 나눌 수 있다. 편향이나 한계점을 보완함으로써 연구 결과의 신뢰도와 타당성을 증가시키고, 복잡한 현상을 다각도로 이해 가능케 한다.

의 논문의 글자들은 정적으로 멈춘 것 같지만 자세히 들여다보면 그들의 삶의 목소리로 살아 있었다. 또한 이는 계속해서 나의 연구가 어디로 나아가야 하는지 방향을 알려 주고 있다. 향후 비슷한 주제의 연구를 수행할, 또는 하고 있는 독자들이 질적 연구자가 되어 가는 과정에서 나와 같이 뿌듯함과 생동감을 경험하는 기쁨을 느낄 수 있었으면 좋겠다.

아홉.
예린의 이야기

제약 속 새로운 창조

"때로는 제한이 또 다른 창조를 만들어 내기도 한다"

Practice-based Research, 즉 실기를 바탕으로 하는 박사 연구는 예술 분야에서 흔히 사용하는 방법이다. 여기서 실기란 작품, 공연, 워크숍 진행, 자체 예술 탐구 등 다양한 방법을 포함하는데, 무용학과 중 스크린댄스라는 전공을 택했던 나에게는 필름을 만들고 이를 선보이는 것이 주된 실기 방법이었다. 물론, 영국 박사 과정은 각각의 케이스마다 다른 방법과 진행 과정을 가지고 있지만, 그간 내가 타 분야의 박사 과정생들에게 들은 바에 의하면 논문의 진행 과정은 보통 5개의 공통된 프로세스를 가지고 있는 것 같았다.

1. 연구제안서(프로포절) 작성
2. 업그레이드
3. 연구 준비
4. 필드 워크
5. 데이터 정리 및 분석 후 논문 작성

그런데 내 연구의 진행 과정은 다소 혼잡한 방식으로 진행되었다. 이는 타 전공 분야 사람들이 보면 조금은 특이한 연구 과정이라고 생각할 수도 있을 것이지만, 박사 1년 차부터 곧바로 논문 작성을 시작했고, 2~3년 차에는 실기를 해 본 뒤, 이후 1~2년간 다시 논문을 작성해야 한다. 타 전공의 박사 과정과는 비슷한 것 같으면서도 비슷하지 않은 순서들일 것이다. 연구제안서를 작성함과 동시에 바로 논문 작성에 들어갔기 때문에 2년 차에 이미 2개의 챕터를 어느 정도 완성한 상태였고, 그 두 개의 챕터는 문헌 연구와 비슷하다고 할 수 있는데, 내 작품을 위한 아이디어와 영감 그리고 그 생각들을 좀 더 선명히 가시화시키기 위해 이미 진행한 다양한 학문적 탐구들이 담겨 있었다. 생각을 실물로 만들어 내기 위해 발전시키는 예술의 과정을 논문의 앞부분에 자리 잡게 한 것이다.

2020년 1월 박사 과정 2년 차, 업그레이드 후 실기를 시작하기 위해 시작을 외치고 있었던 그때, 모두가 아는 그 일이 일어났다. 2020년에 무슨 일이 벌어졌는가. 그렇다. 코로나19가 세상을 휩쓸었다. 돌이켜 생각해 보면 코로나19가 모든 사람들에게 힘든 시기였던 것처럼, 나와 내 연구에게도 너무나 고통스러운 시간이었던 건 분명하다. 무용은 장르적으로, 대면으로 만나서 해야 할 일들이 가장 많다. 몸을 움직이는 장르이기 때문에 집에서 생각으로만 연습할 수는 없었고, 안무를 만들어 가고 정리하는 과정에서 두 명 이상이 모여야 하는 것은 당연한 일이었다. 게다가 나는 무용 영상 역시 만들기 때문에 다양한 촬영을 해야 했는데, 이를 위해서는 카메라맨, 안무가, 퍼포머 등 다양한 인원이 한자리에 모여야만 했다. 당시 영국은 높은 위험 수준으로 코로나19가 퍼져 나가고 있었고, 그에 따라 봉쇄령(lockdown), 즉 사람을 만나기는커녕 집 밖에 거의 나가지 못하는 상황에까지 이르렀었다. 최악이었다. '이제 드디어 제대로 된 내 작품을 선보일 수 있겠구나!'라고 생각하며 들뜬 마음을 풀지도 못한 채 아무것도 할 수가 없었다. 학교는 문을 닫았고, 연습실 또한 사용할 수 없었다. 하다못해 움직임을 탐구할 작은 공간마저 당시 기숙사에서 살고 있었던 나에게는 허락되지 않았다. 그렇게 아무것도 못 하는 상태로 시간만 흐르고 있었다. 매일매일이 그야말로 '똥줄 타는' 나날들이었다.

하루하루 코로나19 감염자와 사망자 수가 치솟고 있었던 당시, 문득 '이러다가 나 진짜 박사 못 끝내고 한국으로 돌아갈 수도 있겠다' 싶었다. 그러는 동시에 '뭐든 해야 한다'라는 생각이 강하게 들었다. 2년 동안 차근차근 쌓아 왔던 연구 과정을 다 깡그리 엎어 버리는 한이 있더라도 뭐든 해야 했다. 뭐, 잘 생각해 보면 나에게 무용이라는 건 항상 그랬다. 공연을 올릴 때, 스크린 댄스를 만들 때, 3개월이고 6개월이고 준비해 왔던 작품들의 안무를 공연 일주일 전에 전부 다 바꾸기도 했고, 공연이나 촬영 당일에도 상황에 맞춰 바꾸기도 했다. 매번 그렇게 해 왔지만 절대 익숙해질 수 없는 그 패턴을 박사 과정에서도 지속해야 한다니, 내 기구한 운명에 또다시 헛웃음이 나왔다. '그래, 살릴 건 살리고, 할 수 없는 건 미련없이 빼 버리자'. 여기서 내 장점이라면 나름 최대의 장점인 추진력과 실행력이 나오기 시작했다. 마음을 먹었으면 지금 바로 시작해야지! 큰 도화지를 바닥에 펼치고 그간 내가 준비한 것들을 하나하나 연결하며 적어 나갔다. 그리고 지금 상황에서 할 수 있는 것, 수정 가능한 것, 수정조차 불가능해 다시 시작해야 하는 것으로 분류해 나갔다. 생각보다 다시 시작해야 하는 것들이 많아서 몇 초간 흔들렸지만, "그래도 내 박사 생활을 위해서"라고 말하며 마음을 다잡고 진행해 나갔다.

무용 작품을 만들 때 가장 중요한 부분을 차지하는 건 '주제'다. 주제에 따라 전반적인 흐름이나 콘셉트가 정해지는데, 나는 첫 번째 작품의 주제부터 흔들렸다. 기존에 정해 두었던 주제는

2016-2017년 한국의 블랙텐트 작품들에서 영감을 받아서 선정했던 주제였고, 이를 보여 주기 위해선 주제 속 소주제마다 약 5명의 무용수들이 각각 필요했다. 5명은커녕 2명도 대면하기 어려운 봉쇄 기간인데… 절대 불가능이었다. 방법은 하나. 주제를 다시 정하는 것! 사실, 이 말은 모든 프렉티스 파트를 전부 다 다시 하겠다는 말과 같다. 블랙텐트의 작품들은 당시 정치적 상황에 대한 예술인들의 목소리였다. 당시 상황에 대해 말하지 못하는, 또는 하고 싶어도 표현할 수 없는 것들을 가감 없이, 예술을 통해 소리치는 작품들이었다. 나는 이 말을 계속 되뇌었다. 당시 상황에 대한… 당시 상황에 대한… 당. 시. 상. 황. 에. 대한…. 그렇다, 블랙텐트가 당시 정치적 상황에 대해 말한 것처럼, 나도 지금 이 상황, 코로나19에 대해 말하면 되는 것이었다. 코로나19로 인해 고통받는 우리의 모습을 그냥 그대로 예술에 담아내고, 그 속에서 새로운 것을 만들어 내면 되는 것이었다. 이렇게 아이디어가 떠오르고 나니 그 이후부터의 일들은 일사천리로 정리해 나갈 수 있었다. 온라인 컨퍼런스 플랫폼인 줌(Zoom)으로 모든 사회생활을 하고 있는 우리의 모습을 필름에 담아내는 것이 목표였고, 실제로 스크린댄스를 만드는 연습, 리허설, 촬영 등 모든 과정을 줌으로 진행했다. 그리고 작품의 형태도 줌에서 영감을 받아 그 형태를 그대로 유지하고자 했다.

　사실 지금 생각해 보면 이러한 과정들을 지도 교수님과 제대로 상의하지 않은 채로 진행시킨 내가 참 무모했던 것 같다. 하지만 나는 무언가를 해야만 했고, 그걸 다시 해내는 과정에 자신이 있었다. 무엇보다 내가 작품을 만들 때마다 언제나 무조건적인 믿음과 응원을 해 주시는 지도 교수님들이기에 그들의 동의를 받는 것에 대한 일말의 걱정도 하지 않았다. 첫 번째 스크린댄스의 리허설 및 촬영을 이미 어느 정도 진행한 뒤였지만, 지도 교수님과의 미팅에서 나는 마치 이제야 계획을 변경한 것처럼 지도 교수님들께 말씀을 드렸다. 자신은 있었지만, 만에 하나 세 분의 교수님들 중 한 분이라도 거절이라도 하신다면 모든 것들 다시 원상 복구 해야 할 수도 있었기 때문에 우선 진행 상황을 뺀 계획만을 먼저 말씀드리기로 했다. 하지만 생각보다 지도 교수님들과의 미팅 날, 나는 더 떨고 있었다. '아, 진짜, 안 된다고 하시면 어쩌지…', '다시 기존의 주제로 돌아가라고 하시면 어떻게 하지…', '아, 절대 못 할 것 같은데…' 이런 생각들이 머릿속을 가득 채웠다. 미팅 당일, 교수님들께 내 계획을 말했더니 첫 번째 지도교수님에게서 돌아온 대답은 아주 심플했다.

"역시 너구나. 길을 찾았네."

심플하지만 무조건적인 믿음이 묻어나는 말이었다. 거기에 더해, 실기 파트를 주로 담당해 주시던 지도 교수님이 딱 한 마디를 던졌다.

"예린, 때로는 제한이 또 다른 창조를 만들어 내기도 한단다.

그러니까 걱정하지 말고 그냥 이 순간에 집중할 수 있는 것을 하면 돼".

평생 잊을 수 없는 말이다. "'제한이 창조를 만들어 낸다'라니…. 그렇다. 우리는 자유로움에서 새로움이 나온다고 흔히 생각할 수 있지만, 사실 제한적인 상황에서 그 순간을 탈피하기 위한 창조가 더 흔하게 발생한다. 머릿속에서는 자유로이 펼칠 수 있는 창의력도 현실이라는 틀 안에서는 타협해야 하는 순간들이 많고, 그 순간들 속에서 또 다른 창의성이 발현되는 것이다. 그렇게 영국의 첫 번째 봉쇄령 속, 나의 첫 번째 스크린댄스는 나름 무사히 진행되었다.

봉쇄령이 어느 정도 풀리고, 다시 사람을 만날 수 있는 시간을 되찾았다. '지금이다. 이제 진짜로 내가 계획한 걸 빨리 해야 한다.' 왜냐하면 영국의 코로나19 수치는 여전히 위험 수준이었고, 언제 또 정부에서 봉쇄령을 내릴지 모르니 하루빨리 할 수 있는 것을 해야 했다. 2020년 12월, 두 번째 필름의 절반을 촬영하고 크리스마스 이후에 촬영하려 준비를 하고 있을 때쯤 영국 정부에서 다시 돌연 봉쇄령을 내렸고, 나는 또다시 패닉 상태였다. '이전에 해 봤으니까 이번엔 괜찮지 않을까?'라는 생각을 할 수도 있지만, 오히려 이전에 해 봤기에 더 패닉 상태를 경험한 것이었다. 이전에 한 걸 다시 할 수는 없는 상태에서 새로운 무언가를 다시 만들어 내야 했기에… 이미 진행한 두 번째 필름은 봉쇄령이 해제된 뒤에 다시 진행한다고 치더라도, 이제 또 무엇을 해야 하나…. 안무가, 무용수, 카메라맨, 에디터 역할을 모두 내가 해내야 한다는 압박 속에서 일주일을 흘러보내고 있던 와중, 문득 이런 생각이 들었다. '춤을 추는 게 꼭 사람이 아니어도 되잖아?' 춤이란 건 보는 시각에 달라질 수 있다. 세상의 모든 순간들은 움직임을 가지고 있고, 그 움직임이 리듬에 맞춰지는 순간 춤이 되는 것이다. 그 말은 즉, 내가 그 움직임을 만들면 자연스레 춤은 완성된다는 말이었다. 여기서 떠오른 것이 스톱모션(Stop Motion) 영상들이었다. 스톱모션이란 흔히 애니메이션을 생각하면 된다. 여러 개의 사진 컷을 연결시켜 마치 사진 속 대상이 움직이는 것처럼 보이게 하는 영상 기법이다. 생각이 떠오르자마자 나는 바로 작업에 필요한 나무 피규어를 주문했다.

하지만 스톱모션은 생각보다 쉽지 않았다. 나무 피규어는 생각처럼 움직이지 않았고, 퀄리티도 그다지 좋게 나오지 않는 것 같았다. 무엇보다 1초의 움직임을 위해 약 30장 정도를 찍어서 4분짜리 영상을 만드는 것은 무모한 도전에 가까웠다. 밖에도 못 나가는 상황에서는 남는 게 시간이라고 항상 말했지만, 그 시간들조차 뭔가 모자라는 느낌이 들었다. 경험과 실력이 부족해서였다. 해 보지 않았기 때문에 내가 그토록 좋아하는 '척하면 척'이 안 되는 것이었다. 그래도 다른 아이디어는 떠오르지 않으니 무조건 해내야 했다. 경험과 실력이 부족하면 방법은 하나다. 무조건 양으로 채운다. 무조건 많이 하다 보면 자연스레 경험이 쌓이는 것이고, 그 경험에서부터 내 실력이 만들어진다는 건 아주 어릴 때부터 단련된 나의 생각과 몸에 대한 진리였다. 그렇게 나는 방 안에 콕 박혀 사진을 찍어 대며 하루하루를 보냈다. 사실 그 영상을 지금 돌이켜 보면 질적으로는 그렇게 좋은 스톱모션은 아니다. 하지만 그 당시 내가 할 수 있는 최선의 선택이었고, 제한된 상황에서 어느 정도의 결과물을 만들어 냈으니 그걸로 만족할 수 있었다.

(Screendance 넋(NEOK): SOUL-ver. 2, 2021)
박사 연구 프랙티스 중 세 번째 스크린댄스로, 스톱모션을 사용해 일본군 '위안부' 이야기를 그려 낸 작품

스톱모션을 사용한 다양한 시도

두 번의 힘든 과정을 겪으니 마지막 스크린댄스를 만들 때도 행여나 또다시 같은 상황이 반복될까 두려웠다. 나름 나 자신이 가지고 있는 임기응변 능력과 추진력을 자부하며 살아왔는데, 이 것들도 두 번을 겪어 보니 절대 쉬운 일이 아니었다. '제발, 마지막 작업만이라도 내 계획대로 편하게 할 수 있게 해 주세요.'라고 마음을 졸이며 마지막 스크린댄스의 주제를 잡아 나갔다. 이미 실기 과정의 첫 단추부터 다 떼어 내고 다시 다는 상황이었으니, 마지막도 어쩔 수 없이 수정을 해야 했다. 그런데 여러 불안한 마음들이 한쪽에 자리 잡아서일까? 아예 주제 자체부터 내가 쉽게 할 수 있는 방향을 찾아내기 시작했다. 역시 인간은 학습의 동물이자 적응의 동물인 것이다. 혹시라도 다시 봉쇄 기간이 시작될 수 있으니, 그걸 염두하고 만들고자 했다. 연구 실기의 전반적인 내용이 '현재'를 담아내는 것으로 바뀌었으니, 당시 가장 인기가 많아진 '틱톡(TikTok)'을 사용하기로 했다. 본래 스크린댄스들은 값비싼 카메라로 촬영하고 프리미어 프로나 파이널 컷과 같은 전문적인 에디팅 프로그램들을 사용해서 제작하는 것이 주였는데, 틱톡으로 스크린댄스를 만들어 보기로 했다. 이렇게 하면 혹시나 봉쇄가 되어 혼자 모든 것을 만들어야 하는 상황이 반복되더라도 혼자 집에서도 할 수 있을 것 같았다. 다행히 이전과 같은 봉쇄령은 더 이상 없었고, 무용수들과 나의 박사 과정 작업을 함께 제작할 수 있게 되었다.

(Screendance This is ME, 2022)
박사 연구 프랙티스 중 네 번째 스크린 댄스로, 틱톡을 이용해 제작

여기까지 내가 겪은 연구 과정의 일들을 쭉 적어 내려오니, 생각보다 더 험난한 박사 과정을 보낸 것 같아 다시금 절로 한숨이 쉬어진다. 생각보다 많은 제약들이 있었고, 스스로 결정해 내야 하는 것들은 더 많았던 것 같다. 그래서 그런지 '정말 뜻깊은 박사 과정이었다'라기보단, '정말 힘든 박사 과정이었다'라는 생각이 지금까지도 드는 것 같다. 하지만 경험은 항상 배움을 선사한다. 자유롭지 않아도 나는 내 춤을 만들어 나갈 수 있었고, 고통

스러운 현실적 압박이 사실은 새로운 창의적 생각의 발화점으로 작용하는 힘이었다. 연구를 해서 학문적 깨달음을 얻은 것보다 사실 더 큰 연구 과정은 경험적 깨달음인 것 같다. 이것만으로도 얼마나 생산적인 연구 과정인가? 그렇다고 해서 박사 공부를 시작하는 이들에게 나와 같은 혼란스러운 과정을 추천하고 싶지는 않지만, 적어도 그냥 당신이 지금 통제할 수 있는 것, 시도할 수 있는 것에만 집중하라고 조언하고 싶다. 그럼 어느 방향에서든지 고심한 노력은 아름다운 깨달음으로 승화되어 우리 앞에 나타날 수 있다는 것을 말해 주고 싶다.

열.
선하의 이야기

남아프리카 공화국 젊은 여성 및 소녀들과 인터뷰 과정

COVID-19 펜데믹 상황 속 온라인 인터뷰 과정

이 에피소드는 세 가지 이야기로 구성으로 된다. 첫째로, 저자가 사회과학(특히, 사회심리, 사회학, 인류학)을 바탕으로 공중보건학 박사 과정의 연구 대상 지역을 남아프리카공화국(이하 남아공)으로 선정하게 된 계기에 대한 이야기. 둘째로, 인간 면역결핍 바이러스(Human Immunodeficiency Virus, 이하 HIV)에 감염된, 또는 감염에 노출되기 쉬운 사람들로서 남아공에 사는 여성 청소년들과의 온라인 인터뷰를 진행하기까지 헤쳐 나가야 했던 엄격한 연구 윤리 평가 과정에 대한 이야기. 셋째로, 남아공에 아무런 연고가 없는 한국인으로서의 저자가 어떻게 인터뷰 참여자를 모집할 수 있었는지에 대한 일련의 과정들. 이 이야기들을 집중적으로 다루고자 한다.

남아공이 박사 연구 지역이 된 이유

2018년 가을, 나는 영국 리즈대학교(University of Leeds)에서 석사 과정을 시작했다. 사실 2015년 5월 한국에서 석사 과정[31]을 졸업했지만, 박사 과정 수학을 앞두고 영국에서의 교육 시스템에 적응하기 위해 두 번째 석사 과정을 시작한 것이었다. 돌이켜 보면, 리즈대학의 석사 과정[32]을 거쳐 왔기 때문에 영국 내 타 대학의 박사 과정에서 행정 및 학술적 시스템에 적응하는 데 더 수월했던 것 같다.

나는 석사 과정에 이어서 바로 박사 과정에 진학할 목적이 있었기 때문에 리즈대학 석사 진학 전부터 동 대학의 박사 과정 지도를 받을 수 있는 담당 교수님도 탐색한 상태에서 석사 과정을 시작했었다. 이를 위해 내가 한 노력은 염두에 두었던 지도 교수

---

31 한국개발연구소(Korea Development Institute, KDI) 산하의 KDI School의 Master of Development Policy(MDP) 과정 졸업

32 정치커뮤니케이션학(Political Communication Studies)

에게 먼저 연락도 취하고, 그의 지도 과목도 수강해 보는 것이었다. 하지만 인생은 내가 원하는 방향대로 술술 풀리지 않는 법. 석사 논문의 지도를 맡아 주신 그 교수님은 연락 방식, 연구 지도 방식들이 나와 맞지 않았고, 무엇보다 해당 교수님의 수업에서 받은 점수가 석사 과정에서 수강한 모든 수업의 점수 중 가장 낮았기에 박사 과정 진학을 포기하는 것도 염두에 두어야 할 정도의 심각한 상황도 있었다. 이로써 내가 얻게 된 긍정적 측면은 두 가지가 있었다. 첫째는 박사 진학을 위한 연구제안서 아이디어를 그분의 수업 통해 얻을 수 있었던 점. 둘째는 박사 과정의 지도 교수로 생각해 두었던 교수님과 석사보다 더 오랜 과정이 필요한 박사 과정을 진행하지 않을 수 있었던 점이다. 생각해 보면, 이 일련의 시행착오를 통해 해당 지도 교수의 성향이 나와 맞는지 아닌지를 파악할 수 있는 계기가 되지 않았는지 생각해 본다.

사실 많은 분들이 내가 연구의 주제로서 방문해 보지도, 경험해 보지도 않은 남아공을 선택한 이유를 궁금해하셨다. 조금 설명해 보자면, 리즈대학 석사 지도 교수(위에 언급한 C 교수)의 수업 과제 중 '커뮤니케이션을 통한 사회 변화'라는 프로젝트가 있었는데, 그 프로젝트의 주제가 남아프리카의 작은 나라 레소토(Lesotho)에 사는 HIV-감염 청소년들을 돕기 위한 아이디어의 실행 가능성을 제안하는 것이었다. 나는 이 과제를 수행하면서 주변 나라의 질병 감염 상황들도 더불어 조사하게 되었는데, 남아공이 아프리카 국가들 중 HIV 감염인이 가장 많이(전 세계 감염자의 약 20%, 2022년 WHO 데이터 기준) 거주하는 국가라는 걸 알게 되었다. 더 흥미롭게도, 남아공에 사는 청소년들의 성별 감염 차이가 현저히 비대칭적(2022년 WHO 데이터 기준, 15세 이상의 젊은 여성의 신규 HIV 감염자 수가 동연령대의 남성 감염자 수의 거의 2배 수치를 나타냄)이라는 걸 알게 되었다. 여기서 박사 과정 연구 주제가 출발했던 것 같다. 왜, 특히나 남아공이, HIV 성별 감염 격차가 극심한 나라인지. 이 지적 호기심을 계기로 나는 석사 과정 2학기인 2019년 상반기부터 박사 과정 지원을 위한 연구제안서(Proposals)를 작성하기 시작했다. 이것이 남아프리카공화국이 나의 박사 과정 연구 대상지로 선정된 지극히 개인적인 이유다. 일반적으로 박사 과정의 연구 대상지는 데이터 접근성 및 문화적 친근성을 고려해서 선택하기도 하지만, 나의 경우 남아공과 전혀 연고가 없는 상황에서 선택한 곳이었기 때문에 박사 과정 지원 과정에서도 이 부분을 설득하는 데 애를 먹었다. 몇몇 분들은 다른 아프리카 국가들로 연구 대상지를 바꿔 볼 생각이 없냐고 제안하기도 했었다. 그 당시에는 사실 나의 선호와 선택에 대해 의문을 품는 사람들이 이해가 되지 않았지만, 현재 박사 과정을 마치고 있는 상황에서 생각해 보자면 왜 그들이 나라를 바꿔 볼 것을 권유했는지 충분히 이해가 된다. 이 이유들에 대해서는 다음 세 번째 이야기인 〈험난했던 인터뷰 참여자 모집 과정〉에서 더 자세히 설명하고자 한다.

민감한 주제에 대한 질적(Qualitative) 연구 윤리 평가 과정

나의 박사 과정 연구는 조사 대상자들(HIV에 감염되었거나 감염에 노출될 잠재력을 가진 16살부터 28살 사이의 남아공 젊은 여성)이 질병에 대한 사회적 낙인에 취약하고, 개인의 성생활에 대한 관계적 역학 및 정신 건강 돌봄 등에 대한 이야기를 포함할 수 있기 때문에 여성들의 입장에서 그리고 문화적인 측면에서도 민감한 주제를 다루는 편이었다. 이에 따라, 연구 데이터 수집 및 분석 방식 등 연구윤리와 관련된 평가가 상대적으로 더욱 까다롭게 이뤄졌다. 영국에서 연구윤리 평가 절차란 연구자가 연구 진행 과정에서 행하는 모든 시행착오를 감시하는 체계로써, 연구에 참여할 대상자들의 인권과 복지를 존중 및 보호하고자 함이 크고, 더욱이 인간 대상의 연구들은 해당 연구로부터 연구 대상자가 해로움을 받게 될 환경이 조성되는지를 평가하는 절차이기에 무엇보다 엄격성이 요구되었다. 또한 윤리 평가 승인은 연구의 질과 차후 연구에 대한 평가(저널 출판 등)를 받을 때에도 큰 영향을 미칠 수 있다는 점에서 중요하다. 아래는 영국 박사 학위 연구 과정에서 윤리 평가를 시행해야 하는 이유에 대해 5가지로 주요 내용을 나타낸다.

참여자 보호: 윤리 승인을 받는 주된 이유 중 하나는 인간 참여자를 대상으로 하는 연구가 윤리적이고 책임감 있게 수행되도록 보장한다. 여기에는 참여자의 권리, 복지, 존엄성을 보호하는 것이 포함된다. 윤리 승인은 참여자가 불필요한 피해, 착취, 강압에 노출되지 않도록 보장한다.

정보에 입각한 동의: 윤리 승인을 받으려면 연구자는 참여자로부터 사전 동의를 얻어야 한다. 즉, 참여자는 연구 참여에 동의하기 전에 연구의 성격, 잠재적 위험과 혜택, 참여자로서의 권리를 충분히 이해해야 한다. 정보에 입각한 동의는 참여자의 자율성을 존중하고, 참여자가 연구 과정에 기꺼이 참여하도록 보장하는 데 매우 중요하다.

기밀성 및 개인 정보 보호: 윤리 승인은 연구자가 참여자의 기밀과 개인 정보를 보호하기 위해 적절한 조치를 취하도록 보장해야 한다. 여기에는 데이터 익명화, 민감한 정보의 안전한 보관, 참여자 데이터에 대한 무단 액세스를 방지하는 절차 구현 등이 포함될 수 있다.

유익성 및 비위해성: 윤리 승인은 참여자의 위험을 최소화하면서 혜택을 극대화하는 방식으로 연구를 수행하도록 보장한다. 연구자는 연구의 잠재적 이익이 참여자에게 부과되는 잠재적 위

험이나 부담을 정당화할 수 있음을 입증해야 한다. 또한 연구자는 연구 과정 전반에 걸쳐 위험을 완화하고 참여자의 피해를 최소화하기 위한 조치를 취해야 한다.

신뢰와 무결성 유지: 윤리 승인은 연구 과정에서 신뢰와 무결성을 유지하는 데 도움이 된다. 연구자는 윤리적 원칙과 기준을 준수함으로써 책임감 있고 윤리적으로 연구를 수행하겠다는 의지를 보여 줄 수 있다. 이는 연구자와 참여자 그리고 연구자와 더 넓은 커뮤니티 간의 신뢰를 구축하는 길이기도 하다.

나의 박사 연구는 남아공의 HIV 감염인 또는 비감염인 젊은 여성의 공중보건 어려움을 다루지만, 한편으로 문화적으로 민감한 주제를 다루기도 했다. 이 말인즉, 특정 사회에서 가장 시급한 사회 문화 현상이 정치적 정책 결정을 비롯한 보이지 않는 역학 관계로 인해 쉬이 접근되지 못할 수 있다는 것을 시사한다.[33] 예를 들어, 가부장적이고 남성 중심적 의사 결정 방식과 종교적으로 형성된 사회적 믿음과 규범은 HIV/AIDS를 둘러싼 낙인의 형성 체계와 밀접하게 관련되어 있으며,[34] 참가자의 연령, 인종, 가족 배경, 교육 수준, 디지털 접근성 등 여러 가지 요소들 역시 사

---

33 Sieber and Stanley, 1988: 55

34 Maponya, 2021

전적으로 조사되어야 했고, 적절한 절차를 통한 동의를 구해야 하는 등 많은 주의가 필요했다.

특히 문화적 민감성[35]은 연구자 본인에게 있어 경험해 보았던 요소들이 아니었기 때문에 인터뷰 전에 충분히 깊게 파악되어야 했다. 이 과정에서 나는 현지 직원들, 학자들, 커뮤니티 구성원, 비영리 단체들과의 화상 회의를 사전에 시행하면서 인터뷰의 수행 절차에 대한 자문과 검토를 구했다. 특히 사전 인터뷰 준비 시, 비슷한 연구 경험이 있는 선임 연구자에게 예비 주제 가이드를 검토해 달라고 요청하였으며, 혹 마련된 질문에 편향된 요소가 없는지, 참가자들이 민감하게 반응할 요소들이 없는지 등을 확인하고 선입견을 없애기 위해 여러 번의 동료 검토(peer-review) 과정을 거쳤다.[36] 또한, 인터뷰는 영어가 공용어인 나라의 젊은 여성을 대상으로 하지만 이들 중에는 아프리카 현지 언어가 더 편한 참가자들이 있었기에 상대적으로 쉬운 영단어를 사용해야만 했고, 인터뷰 참가자들이 조금 더 편안한 분위기에서 자기 내면의 어려움과 경험을 드러내며 이야기를 주도할 수 있도록 진행되었다.[37] 이 점은 연구자의 인터뷰 역량에 따라 데이터의 깊이와 풍성함이 달라질 수 있기 때문에 매우 중요한 요소이고, 사전

---

35 Njenga, 2018

36 Schenk and Ramarao, 2016

37 Silverman, 2021

에 연습해 보는 것도 좋은 연구자의 자세가 될 것 같다.

또한 민감한 주제의 연구 인터뷰는 정서적으로 취약한 참가자들에게 깊은 상처를 털어놓을 수 있는 공간과 시간을 제공함으로써 치료적 성찰 과정으로서 역할을 할 수 있지만, 이러한 참여 과정에서 참가자들은 의도치 않게 HIV에 관한 자극적인 재외상의 경험에 노출될 가능성도 있다. 이렇듯 참가자의 요청이 있거나 필요하다고 판단되는 경우, 연구자는 특정 도움이 필요한 개인에게 지역 무료 전화 상담 서비스 또는 관련 정보를 얻을 수 있는 웹사이트 안내 등 지원, 도움, 조언 또는 상담을 제공하는 '복지 서비스'를 제공했다. 이렇게 2~3달의 준비 끝에 나의 박사 과정 연구를 위한 윤리 심사는 2021년 9월에 승인되었다. 하지만 실질적으로 최종 데이터 수집은 2022년 5월 말까지 대장정의 시간이 걸렸다. 즉, 윤리 승인을 받은 이후 연구자는 인터뷰가 실제로 진행될 때까지 진정한 마케팅 전략가가 되어야 하고, 불굴의 의지로 험난한 과정을 스스로 동기 부여를 하며 이겨 내야 한다. 아래는 그 내용을 서술한 내용이다.

험난했던 인터뷰 참여자 모집 과정

연구 윤리 승인 과정이 통과되면 본격적인 질적 연구 데이터를 수집할 수 있는 자격이 부여되는데, 앞서 말한 바와 같이 나는 남아공에 아는 지인들이 전혀 없었고, 영국의 지도 교수님들도 남아공 현지 네트워크가 없는 상황이었다. 따라서 완전히 새로운 땅을 개척한다는 심정으로 내가 할 수 있는 모든 방법들을 동원해서 인터뷰 참가자들 모집하는 데 도움을 줄 수 있는 현지 네트워크를 찾아서 헤매기 시작했다.

현지에서 인터뷰 과정 및 인터뷰 참가자 모집을 도와줄 사람들을 영어로는 게이트 키퍼(Gate Keepers)라고 부르는데, 이들을 찾기 위해서 나는 우선, 내가 소속된 글래스고대학교에서 남아공 출신의 학자들 또는 박사 과정 학생들에게 개별적으로 연락을 취하거나 남아공과 관련된 연구를 해 오신 학자들에게 도움을 요청하기도 했었다. 더불어, 페이스북을 통해 남아공 지역에 위치한 HIV 감염 예방 관련 기관들과의 직접적인 연락을 통해 도움을 요청하였고, 한국에 있는 정부 기관들을 통해서도 현지 네트워크와 연결될 고리를 찾을 방안을 모색했었다. 위 모든 방법들을 시도하면서 많은 사람들을 설득해 가는 과정이 약 4개월 이상은 걸렸던 것 같다. 하지만 놀랍게도 실질적인 도움을 얻지는 못했다. 그야말로 좌절의 순간들이었다. 더욱이, 펜데믹 상황 속에서 나와 같이 타지인 학생이 낙인에 취약한 역병인 HIV에 관해 연구를 시도하려고 한다는 것이, 신뢰 관계를 형성하기 위한 충분한 기간을 가지지 않은 상황에서는 절대적으로 어려운 것이었다.

여러 시도 끝에 내가 나왔던 KDI School의 동문 네트워크를 통해서 남아공 현지 사람과 연결이 되었고, 1명의 동문(A)을 통해 2명의 현지 학자 및 행정 네트워크 도우미(B와 C)를 알게 되었다. 그들 모두 남아공의 수도 프레토리아(Pretoria)에 거주 중이었다. 세 명 모두 한국인인 내가 그들 나라의 가장 어려운 문제를 다루고 있다는 점에서 나를 매우 인상 깊게 생각했었고, 이런 점이 그들이 기꺼이 나를 돕고 싶어 한 이유가 되었다. 이 말인즉, 한국인이 남아공의 HIV/AIDS 문제를 연구적으로 다룬 사람들이 많지 않다는 것을 시사하기도 한다. 결론적으로 A, B, C 모두 실질적인 인터뷰 대상자를 모집하는 데 도움을 주진 못했지만(구체적으로, B는 '현지 대학의 윤리 평가를 받고 의료적 연구로써 접근을 하면 수집할 수 있다'라고 제안했지만 이 과정은 적어도 윤리 평가가 승인되는 데 6개월 이상 걸릴 수 있다는 걸 감안해야만 했다. 해서, B의 제안은 영국 지도 교수님들과 상의 끝에 시도해 볼 만했으나, 결국에는 시도하지 못했다.) 그들을 통해 HIV를 생각하는 현지 상황에 대한 문맥들을 간접적으로 배울 수 있었다. 예를 들어, HIV 관련 낙인이 얼마나 심각한 상황인지, 현지에서 '청년'에 속하는 나이는 영국과 어떻게 다른지, 남아공의 디지털 접근성이 어떠한지 등에 대해 이들이 제공해 준 통찰은 나의 시행착오를 줄일 수 있었다. 연구 데이터 수집이 끝난 지금까지도 좋은 관계를 유지하고 있다.

최종적으로, 나는 21명의 남아공 여자 청소년 혹은 젊은 여성 참가자들(16세-28세)의 인터뷰 데이터를 모을 수 있었다. 이 과정에서 나는 다음의 세 가지 방법을 통해 도움을 얻을 수 있었는데, 첫째, 카카오톡 오픈 채팅을 통한 현지 남아공 선교사 네트워크 발견, 둘째, 한국에 사는 남아공 친구의 도움을 통한 Cape Town 비영리 단체 〈The Justice Desk〉와 연결 그리고 셋째, 페이스북의 HIV 커뮤니티를 통해 알게 된 HIV 감염 여성(가명: 제시)과의 인연이다. 위 세 가지 방법 모두 이전의 인맥을 통해 시도된 형식이 아니며, 낯선 그들을 설득하는 데 나의 진심을 담은 메시지와 그들의 현실에 대한 이해도가 도움이 되었던 것 같다. 그들은 누구보다 내가 선택한 주제에 대한 심각성을 인지하고 있었기 때문에 나는 그들의 도움과 협조를 이끌어 낼 수 있었고, 이는 또 다른 누군가를 설득하고 도움을 요청하는 것보다 수월하였다. 물론, 감염자인 제시를 설득하기까지는 6개월이라는 기간이 걸리기도 했지만, 그녀는 나의 끊임없는, 다만 부담이 되지 않는 선에서의 구애를 보고서 도와주고 싶었다고 말한 바 있다.

이러한 일련의 과정을 거쳐 오면서 내가 느낀 점은, 사람들의 경험을 바탕으로 이야기 증거 데이터(Narrative-based data)를 수집하는 과정은 하나의 신뢰 프로세스를 구축하는 것과 같다는 생각이 들었다. 해서, 그것은 어쩌면 참가자의 삶 속 숨은 의미들을 같이 찾아내고 그들의 인생을 되돌아보는 행위는 상호적 기억을 만들어 내는 과정이라 본다. 이 에피소드에 한 명의 질적 연구자가 인터뷰를 하는 과정에서 성장하는 과정과 시행착오들을 담아내고 싶었다. 그리고 미래의 잠재적 질적 연구자가 될 독자들이 타인의 목소리를 담아내고 찾아내는 일련의 과정에서 자부심을 느낄 수 있기를 바란다.

테마 5

진정한 박사가 되기 위한
연구 및 논문 작성 과정

열하나.
보희의 이야기

박사(Doctor of Philosophy)라는 타이틀이 주는 압박감

영국에서의 박사 과정은 독립적인 연구자로 거듭나는 과정이다. 보통 박사 학위 주제는 서너 개의 프로젝트들로 구성되어 있고, 본인 스스로 주체성을 가지고 각 연구를 지도 교수의 지도하에 직접 주도하는 것을 중요한 학습 및 진행 과정이라 보고 있다. 이러한 영국 학교의 특성 때문에 석사 과정을 마치고 박사 과정들을 바로 시작하는 학생들이나 주도적으로 프로젝트를 이끌어 본 경험이 없는 경우에는, 이러한 주체적 과정들이 상당히 부담스럽게 다가올 수 있다. 영국 박사 과정은 필수적인 수업 이수 과정(Course work)이 사실상 없기 때문에 스스로 알아서 필요한 지식과 기술을 터득해야 한다. 따라서 스스로 부족한 부분을 알고, 부족한 부분들을 채워 가기 위해 적극적으로 배우지 않으면 안 된다. 하지만, 아무리 열심히 이것저것 노력한다고 해도 늘 제대로 하고 있는 것인지 걱정이 앞서게 되고, 끊임없는 '자기 의심'으로 스스로를 괴롭히기까지 한다. 흔히, 이러한 증상을 '임포스터 신드롬'(Imposter syndrome) [38]이라고 하는데, 이는 지난 3년의 박사 과정 동안 꾸준히 나 자신을 괴롭혔고, 나는 아직도 그 후유증에서 벗어나지 못하고 있는 것이 사실이다. 박사 과정 내내 이 과정이 끝나고 과연 내가 박사라는 타이틀(Doctor of Philosophy, 어느 한 분야에 일종의 깊은 통찰력과 철학을 가진 자)에 걸맞는 사람이 될 수 있을지. 그 타이틀이 주는 무게가 감히 상상할 수 없을 정도로 무겁게 느껴질 때가 있다. 이러한 이유로, 본 이야기에서는 박사 과정 동안 이러한 압박과 두려움을 어떻게 전략적으로 관리하고 극복해 왔는지에 대해 공유해 보고자 한다.

시작이 '끝'과 같던 시간들

박사 오퍼를 받고 첫 연구 지도 모임에 참석했을 때, 나의 주지도 교수님은 "3년이라는 시간이 결코 긴 시간이 아니다. 잘 계획하고, 그 계획대로 진행하도록 노력하는 것이 중요하다."라

---

[38] 한국어로 가면 증후군(Imposter Syndrome)로 불리는 불안 심리로. 남들이 생각하는 것만큼 스스로가 실력이 없다고 생각하여 성공에 대해 주변인을 속이고 있다고 느끼는 심리

는 경고 아닌 경고를 하셨다. 따라서 첫 몇 달 동안은 어떻게 하면 3년이라는 기간 안에 연구를 잘 마치고 어마무시하게 긴, 그것도 모국어가 아닌 영어로 박사 학위 논문을 집필할 수 있을지 그리고 박사 과정 이후 나 자신을 위해 어떤 준비를 어떻게 해야 할 것인지에 대해 참 많은 고민을 해야 했다. 그래도 학교 방침상 박사 과정 시작 후, 10주 내에 전체적인 연구 계획서를 내야 하고, 매해 연구 심사(디펜스, Defense)가 있었기 때문에 이 데드 라인을 잘 지키기만 한다면 연구 진행과 실행에 대해서는 큰 걱정을 할 필요는 없는 것 같다. 매해 진행되는 연구 심사는 다음 해의 연구 진행을 위한 꼼꼼한 연구 계획을 설계하고 제시해야 하는데, 이를 잘 진행하기만 해도 반은 성공한 작업이라 생각한다. 영국의 박사 과정은 대부분(몇몇 프로그램은 요구하기도 하지만) 다행히 학위 논문을 중심으로 진행되며, 별도의 논문 출판을 요구 사항으로 명시하지 않기 때문에 학위 논문을 진행하는 속도에 대해서 느끼는 압박은 덜했던 것 같다. 따라서 박사 후 독립된 연구자로서 갖춰야 할 스킬들, 예를 들어 팀워크, 커뮤니케이션, 리더십 등을 배울 수 있는 기회만 잘 잡으면 되겠다고 생각했다. 하지만 박사 시작 후 정확히 3개월 뒤, 영국을 포함한 유럽 전역에 코로나19 확산을 막기 위한 봉쇄령이 떨어졌고, 교내모든 모임이 중단됐다. 결국, 지도 교수님은 내가 원한다면 한국으로 돌아가도 좋다고 말씀하기도 했다. 그 말에 잠시 앞이 캄캄

해졌고, 연구고 뭐고 내 박사 학위는 제대로 시작하기도 전에 망한 것만 같았다.

전략가가 되자 1, 시간 관리

몇 주간의 고민 끝에 한국으로 돌아가지 않기로 결정했다. 이 세상에 그리고 이 시기에 나만 박사 과정을 밟고 있는 것도 아니니 한번 버터 보기로 한 것이다. 하지만 펜데믹과 더불어 박사 과정을 막 시작했기에, 내가 제대로 박사 생활을 하고 있는지 점검해 줄 사람도, 친구도 없었다. 그래서 저널 클럽이라든지, 연구 모임이라든지, 그냥 사교적 교류를 위한 모임이라든지, 어떤 모임이든지 너무도 간절한 상황이었다. 주변에서는 '박사 연구만으로도 바쁠 텐데 그럴 시간이 있냐'는 시선을 보내기도 했지만, 사실 나는 이러한 교류들을 통해 내가 학교에 연결되어 있다는 소속감 그리고 내가 연구자로서 자질을 키울 수 있는 기회와 역량을 어떻게든 키워 가고 싶었다. 몇 달간에 거처 학교의 근무 환경이 오프라인에서 온라인으로 전환되는 혼란기가 지났고, 코로나19 연구 모임을 비롯한 다양한 온라인 모임들이 우후죽순 생기기 시작했다. 그중에는 펜데믹에 대한 다양한 건강 보건 대응책 마련을 위해 빠르게 근거 자료들을 수집해서 보고하는 연구 모임(UNCOVER)[39]도 포함되어 있었고, 나는 이런 기회를 놓치지 않고 주저 없이 참여했다. 물론 코로나19가 인간의 삶에 미치는 다양한 영향에 대한 지적 호기심도 있었지만, 이 기회를 통해서 사람들을 만나고 무엇이든 배우고 싶다는 마음이 컸었다. 이 연구 모임은 점점 규모가 커지고, 내가 하는 일 역시 많아지면서 내가 맡게 된 프로젝트들이 하나둘씩 늘어나기 시작했다. 사람들과 정기적으로 만나고, 박사 연구 외 부가적인 연구를 하는 건 좋았지만, 늘어나는 업무량은 내 본업(박사 연구 논문)과 주객이 전도될 것 같은 위험 신호이기도 했다.

이 두 마리 토끼(박사 연구 그리고 부가적인 연구들)를 다 잡기 위해서는 시간을 잘게 쪼개서 사용하는 법을 터득해야 했다. 그래서 근무 시간(오전 9시-오후 5시)에는 본업 연구에만 집중하고 쉬는 시간이나 근무 이외의 시간에만 부가적인 연구에 집중하기로 설정했다. 시간 관리는 바쁘면 바쁠수록, 업무량이 많아지면 많아질수록 시간을 분 단위로 잘게 쪼갰고, 업무 목표를 세부적으로 작성하면서 짧은 시간에 집중도를 끌어올리는 법 역시 터득할 수 있었다. 이렇게 2년 정도를 박사 연구도 하면서 그 외 대여섯 개의 프로젝트를 함께 진행해 갔다. 지금 생각해 보면 이 시기가 가장 바쁜 시기였으면서도, 연구에 대해 가장 많이 자신감을

---

[39] UNCOVER: Applied Evidence Synthesis research group at the University of Edinburgh

키울 수 있었던 시기였던 것 같다. 또한 이때 배웠던 시간 관리, 인적 네트워킹 및 프로젝트 관리, 논문 작성 외 아카데믹 라이팅(Academic Writing) 등 박사 전반적인 과정뿐만 아니라 박사 이후의 연구 생활로 이어지는 과정에서도 큰 장점으로 작용했던 것 같다.

전략가가 되자 2, 연구와 학위 논문 쓰기

나의 박사 연구는 각 나라에서 진행됐던 임상 데이터를 수집해서 새로운 통계 모델에 적용하는 것이었다. 이 작업은 기존의 연구팀과 밀접하게 협력하면서도 데이터 검증을 해야 하기 때문에 상당한 시간을 요구했다. 보통은 이 과정이 최소 2년이 걸린다고 한다. 하지만 당시 펜데믹 때문에 기존 연구자들이 너무나도 바빠 연락이 가뭄에 콩 나듯 했고, 박사 2년 차가 마무리되던 즈음에도 데이터 수집이 마무리되지 않아 정신적인 스트레스가 극에 달했다. 하지만 누군가를 재촉한다고 풀릴 수 있는 상황도 아니었기에 그저 연구자로서 흔하게 겪을 수 있는 일이며, 이 또한 내가 풀어야 할 숙제라고 위안 삼으며 하루하루를 긴장 속에 지냈었다. 예전에 한 은사님이 '수많은 나무를 베기 위해 먼저 부지런히 톱날을 갈아라'라고 하신 적이 있다. 수많은 나무를 베기 위해 오랜 시간을 투자하는 것보다 내 도구를 먼저 점검하는 것이 더 효율적일 수도 있다는 뜻이다. 그래서 연구 데이터를 기다리는 동안 나 자신의 톱날이나 열심히 갈아 보자는 심정으로 데이터를 받는 즉시 분석을 시작할 수 있도록 모든 준비를 철저히 준비하기로 했다. 따라서 박사 2년 차 내내 필요한 분석법을 배우고, 세세하게 연구계획안(Protocol) 작성과 데이터 분석 프로그램 코딩 방법까지 모두 섭렵해 왔다.

박사 과정 3년 차에 지인과 떠난 논문 작성 여행(Writing Retreat)

그렇게 시간이 지나 어느새 난 박사 3년 차에 이르렀다. '기다리는 자에게 복이 있다'는 말을 증명하듯, 갑자기 막혔던 일이 봇물처럼 술술 풀리기 시작했다. 하지만 시기가 좋지 않았다. 박사 3년 차는 프로젝트가 다 마친 후에 학위 논문을 작성하는 사람들도 있지만, 박사 학위 논문 작성을 슬슬 시작하는 시기기에 정신을 똑바로 차리지 않으면 모든 일을 말아먹을 수도 있었다. 따라서 어느 때보다 침착하게 그리고 전략적으로 일을 진행해야만 했다. 아래 이야기부터는 어떤 전략으로 학위 논문을 썼는지 간략하게 적어 보고자 한다.

영국에서 박사 학위 논문은 전체적인 연구 스토리와 상세한 연구 과정을 적는 것이 중요하다. 출판 연구와 다르게 성공이든 실패든 모든 연구 과정을 투명하게 적는 것이 굉장히 중요하다. 따라서 중심 주제에 따라 각각의 프로젝트들이 물 흐르듯이 부드럽게 읽히는 것이 중요하다. 특히, 먼저 골격(글의 구조)을 잡는 데 심혈을 기울여야 한다. 이 단계에서는 논문 전체를 관통하는 대주제 또는 메시지를 미리 생각함으로써 전반적인 흐름을 잡는 것이 중요하다. 이렇게 전체적인 뼈대가 형성되면, 그다음은 세부적으로 중요한 단어들, 반드시 들어가야 할 중요 단어들을 적어 두었다. 한편, 나는 구조 및 개요 작성 단계에서는 세 명의 지도 교수님과 상의해 가면서 모두가 동의하는 논문 구조 흐름을 잡고 시작했다. 왜냐하면 주변에서 지도 교수님과의 상의 없이 무작정 시작했다가 나중에 전체적으로 다 갈아엎어야 하는 경우들을 많이 봤었기에, 이런 경우를 줄이기 위해서 연구 구조와 개요를 쓰는 데 상당한 시간을 들였다. 그리고 상황상 학위 논문의 가장 첫 장인 서론[40]과 각 장의 방법론을 적는 게 맞다고 생각해서 첫 6개월간은 이러한 초안을 작성하는 데 집중했었다.

구체적으로 첫째 각각의 프로젝트를 챕터별로 나누고 이야기의 순서 배열을 결정했다. 각 장(Chapter) 내에 주요 메시지와 하위 메시지를 정하고, 해당 장 마지막에는 그다음 장로 이야기의 흐름이 부드럽게 이어질 수 있도록 연결 메시지도 정해야 했다. 또한, 마지막 장(Discussion)은 본 연구의 결과를 요약하고 선행 연구와 비교 대조를 해야 한다. 그러면서 내가 제시한 연구 가치(originality or contributions)를 여러 각도로 평가해야 한다.

이렇게 논문의 구조 뼈대를 잡고 나면 이야기의 살을 붙이는 것은 사실 그리 어려운 일은 아니다. 왜냐하면 어떤 방향으로 논문의 논지가 진행돼야 할지를 전반적으로 인지하고 있기 때문에 참고 문헌을 찾는 일에도 많은 시간이 들지 않는 것이 그 이유다.

박사 3년 차에 나는 모든 활동을 중단하고 오로지 본업인 논문 작성에만 집중했고, 매일 길든 짧든 글을 써 나갔다. 내 경우엔, 집중이 가장 잘 되는 시간대가 오전 9시부터 12시까지이기

---

[40] 서론(introduction): 연구 배경을 설명하고 연구의 목적을 강조하는 장. 가장 오래 걸리기도 하는 장으로, 대부분 학생들을 다른 장을 다 쓴 후에 마지막에 적기도 한다.

때문에 이 시간대를 매일 글쓰기 시간으로 정해 놓고 나와의 약속처럼 꾸준히 적어 나가려고 노력했었다. 연구 분석과 학위 논문 쓰기를 동시에 진행하고 있어서 연구 결과에 따라 유연하게 글을 쓸 수 있었다. 끊임없는 고군분투 덕분에 분석이 끝나고, 예상보다 빠르게 한 달 내 해당 장의 초고를 완성할 수 있었다. 박사 학위 논문 쓰기가 완성이 되어 갈 수록 전체적인 스토리가 분명해지고 각각의 장들이 서로 연결되는 걸 느꼈고, 이전에 뒤죽박죽이었던 생각들이 이 자연스럽게 정리되는 것 같았다.

위에 언급한 논문 쓰기 전략들을 요약하자면, 아래와 같이 다섯 가지 주요 포인트로 정리할 수가 있다.

첫 번째, 매일 하루 중 가장 집중이 잘 되는 시간대에 꾸준히 글을 쓴다.

두 번째, 글의 흐름과 논지를 선명화하기 위해 구체적인 개요를 먼저 작성한다. 그리고 그 뼈대에 살을 붙일 때는 항상 논점을 생각하고 주제에 벗어나지 않도록 주의한다. 만약 추가적인 내용을 부가적으로 추가해야 할 때는 그 내용이 전체적인 흐름과 주장에 어떤 영향을 미칠지 생각한다.

세 번째, 개요에 맞는 초안 작성을 항상 가장 우선순위로 생각한다. 다만, 초안이 작성되기 전까지는 이전에 썼던 글의 완성도를 위해 계속해서 읽고 수정하지 않도록 한다.

네 번째, 퇴고는 매일 하지 않고, 어느 정도 시간 간격을 두고 한다. 새로운 시각으로 글을 다시 읽어야만 이전에 보이지 않던 고칠 점들이 보일 수 있기 때문이다.

다섯 번째, 같은 분야든 아니든 간에 다양한 부류의 사람들에게 내가 연구한 것에 대해 틈틈이 말로 설명해 본다. 그것이 논문 작성 흐름을 견고하게 하는 데 큰 도움이 된다. 하지만 믿을 만한 지인에게 첨삭을 요구할 때는 같은 시기의 박사생들이나 학위 논문을 마친 전공자에게 부탁한다. 왜냐하면 이들은 이미 학위 논문을 어떻게 써야 하는지 방향을 알고 있는 경우가 많기 때문이다. 또 부탁할 때는 무엇보다 거의 최종본에 가까운 글을 보여 줘야 읽는 사람도 편하고, 나도 수정 시간을 줄일 수 있다. 내 경우에는 위와 같은 첨삭 과정이 마쳐진 다음에서야 지도 교수님께 보다 완성도 있는 글을 보여 드렸다.

이렇게 논문 작성까지 박사 3년 차를 보내고 거의 마무리될 때쯤, 지금까지 쓴 모든 글들을 여러 번 읽고 다듬는 일과 분석을 마지막으로 점검하고 검토할 일만 남았다. 나는 논문을 쓰는 과정을 전반적으로 즐겼지만, 이 일의 끝이 보일 듯 말듯한 이 시기가 참 고된 시간이었던 것 같다. 사실 몇 개월 전에 쓴 글을 다시 읽어 보니 얼굴이 붉어질 정도로 형편없었고, 아무리 고쳐도 마음에 들지 않는다는 걸 깨달았기 때문이다. 분석은 분석 나름대로 계획대로 잘 끝냈음에도 불구하고 실수가 있었을까 불안했다. 그렇게 다시 읽고 또 읽기를 수십 번 반복하고, 이미 완료한 분석도 스무 번씩은 반복해야 직성이 풀렸다. 같은 글을 계속 읽다가 더 이상 새로운 영감이 떠오르지 않을 때는 적절히 휴식기를 가지고 다시 읽었다. 물론, 이 모든 시간이 계속 제자리에서 맴도는 듯한 하루들의 연속이라 딱히 즐겁지 않은 점도 있다. 지도 교수님은 늘 아무리 베테랑급의 학자라도 하루 종일 앉아서 글을 쓰는 것은 불가능하고 글의 질도 떨어진다고 주의를 주셨고, 초고를 주변인들에게 보여 주는 것을 부끄러워하지 말라며 조언도 해 주셨다. 그래서 컴퓨터 앞에 떨어져 있는 것이 썩 내키지는 않았지만, 틈틈이 지인들도 만나고 가끔은 등산도 하면서 몸도 마음도 재충전하는 시간을 가졌다. 논문 글을 보여 주기는 항상 부끄러웠지만 그래도 믿을 만한 주변의 친구들에게 내 글을 보여 주고 피드백을 받았다. 그 이유는 마치 이들이 이해 못한다면 나의 박사 학위 논문 심사 위원들도 이해하기 어려울 거라는 나만의 믿음을 가지고 있었기 때문이다.

결국 이 고통의 시기가 지나고 지도 교수님들 세 분의 동의하에 학위 논문을 제출하였다. 학위 논문 제출 후 대략 2개월 후, 구두 심사가 있었다. 나는 논문 제출 후에도 논문에 대한 기억이 생생할 때 논문 출판 준비를 하고 싶었기에 구두 심사(바이바, viva voce) 전까지 꾸준히 학위 논문을 들여다봤다. 이 와중에 끊임없이 튀어나오는 오타들과 어색한 문장들이 발견될 때마다 한숨이 절로 나왔지만, 그 덕분에 구두 심사 준비를 따로 하지 않아도 무슨 장에 무슨 내용을 썼는지 눈에 훤하게 보일 정도로 기억할 수 있었다. 그렇기에 심사 위원들도 정말 꼼꼼하게 잘 썼고, 질의응답을 훌륭하게 잘했다며 특별한 수정(No correction)[41] 없이 통과시켜 주셨다! 이와 같은 결과는 원어민이라도 극히 드문 일이어서 지도 교수님과 나는 이와 같은 결과를 듣자마자 덩실덩실 춤을 췄다. 생각해 보면 이러한 결과는 눈이 오나 비가 오나 늘 업무시간에 엉덩이를 의자에 붙이고, 연구를 진행해 왔던 나의 끈기와 연구 외에 다양한 경험들로 나 자신을 갈고닦아 왔던 전략들이 있었기에 가능했던 것 같다. 참으로 치열한 3년 3개월의 시간이었다.

---

41 영국 학위 심사는 보통 크게 1. No correction(수정 없이 통과), 2. Minor correction(약간의 수정 요구, 통과), 3. Major correction(중요한 수정 요구, 통과), 4. Fail(통과 실패)로 나뉜다. 대부분 2번 또는 3번의 결과를 받고 수정 정도나 개인적인 상황을 고려하여 1개월 내지 6개월, 또는 12개월 정도의 수정 기간을 받는다. 수정을 다 마치면 심사를 해서 통과 여부를 결정한다. 1번 또는 4번의 결과를 받는 경우는 극히 드물다. 필자가 1번 결과를 받았을 때, 지도 교수님들 중 한 분이 40년 교직 인생에서 필자 포함 딱 두 번만 봤다고 하셨다.

열둘.
승한의 이야기

연구 방법론 결정과 이론적 배경의 마련

나는 영국에서 박사 학위를 위해 국가 단위 기후 변화 적응 정책의 문제점과 해결 방안을 한국과 영국 사례를 통해 연구했다. 박사 학위를 하는 약 4년 동안 내가 가장 까다롭게 경험했던 부분이 있다. 바로 학위 논문과 저널에 출판하기 위한 글(Academic Writing)을 쓰는 과정에서 내 선택과 결정에 대해 논리적으로 정당화(justification)하고 설명하는 것이었다. 논문 안에서 구성, 방법론, 용어, 연구 대상, 심지어 문장 하나까지 '내가 왜 이러한 선택을 했는지', '왜 이러한 결정을 내렸는지', 모두 명확한 근거와 논리적인 이유를 바탕으로 설명해야 했다. 특히 연구 방법론과 이론적 배경에 대한 논리적 정당화가 가장 어려웠던 부분이었기에

어디에서도 해 보지 않은 구체적인 이야기를 이 책에서 해 보고
자 한다. 사실 장(Chapter)별로 연구 방법을 정하고, 논문 전체의
방법론과 이론적 배경을 정하는 순서는 박사 과정 4년 내내 뒤
죽박죽이었다. 정해 놓은 것들이 순식간에 뒤집어지기도 했다.
하지만 이 글에서는 독자들의 이해를 돕기 위해 박사 학위 논문
의 목차에 따라 이야기를 전개해 보겠다. 결론을 먼저 말해 두자
면, 박사 학위를 하는 학생은 방법론과 이론적 배경 마련에 있어
자기 논문의 전 챕터들과 주요 요소들을 탄탄한 스토리 라인을
바탕으로 한번에 꿰어 낼 줄 아는 이야기꾼이 되어야 한다.

"정말 이렇게까지 해야 하나? 하나하나 다 이유를 설명해야 한다는 말이지?"

내 학위 논문 연구 방법론장의 첫 부분은 연구 철학(Research
Philosophy)에 대한 설명이다. 정말 솔직히 말하자면, 이 부분
을 작성해야 한다는 것을 알기 전에는 연구 철학에 대해 생각해
본 적이 없었다. 그래서 본론에 해당하는 장들을 다 쓰고 나서
야 이 부분을 썼다. 연구 철학에 대해 많은 것을 알지 못했다. 연
구 철학을 왜 내 논문에서 설명해야 하는지에 대해서도 사실 의
문이 들었었다. 하지만 연구 철학 부분은 학교 학위 논문 양식에

포함돼 있었다. 그래서 선배들의 논문들을 참고해 보니 주로 자신의 연구 접근법에 대한 철학적 기반을 설명하고 있었다. 선배들의 논문 대부분은 자신의 논문 목적에 맞게 다양한 접근법과 연구 방법을 활용하기 위해 실용주의(Pragmatism)[42] 연구 철학을 선택하고, 실용주의적 접근이 왜 자신의 학위 연구에 적합한지 논리적으로 설명하고 있었다. 그래서 나도 실용주의 연구 철학을 선택했다. 내 연구는 사람들의 경험을 바탕으로 정책 과정에서 문제점들을 찾아내고, 그 문제점에 대한 해결 방안을 마련하는 연구이기에 연구 목적과 방법이 실용주의 연구 철학과 어떻게 연계될 수 있는지를 강조하고 설명했다. 특히 실용주의 연구 철학에서 많이 인용되는 연구들, 논문들을 간략하게 읽으면서 인용할 문구를 찾아내고, 이를 내 연구 목적 및 방법에 긴밀히 연결시켜 설명했다. 그렇게 내 학위 논문의 연구 철학을 한 페이지 반 정도 작성했다. 솔직히 실용주의 연구 철학에 대해 깊이 있게 공부하지 않았고, 그 외의 연구 철학은 알지 못한다. 단지 필요에 의해 하나를 선택해서 작성해야 했고, 그것을 선택한 이유도 어렵게 연결시켜 글로 풀어냈다. 짧은 분량이지만 모르는 부분에 대해 논리적으로 내 연구와 연결해야 했기에 시간과 공이 많이 들었다. 영국과 독일에서 박사 학위를 하고 있는, 또는 할 계획이

---

[42] 엄격한 방법론적 또는 철학적 교리에 집착하는 것보다 연구에 대한 실용적이고 유연한 접근법을 취하여 연구 결과물의 유용성과 실제 세계의 적용성을 우선시하는 연구 철학

있는 학생이라면, 시간이 있을 때 연구 철학에는 어떤 종류가 있는지, 내 연구를 위해 어떤 연구 철학을 활용할 수 있을지 미리 자료를 찾아보고 연결 고리들을 정리해 놓는 것도 연구 작성 시간을 아끼고, 박사 과정 막바지에 연구 내용 자체에만 더 집중할 수 있을 것이라 생각한다.

연구 철학 다음 장은 전체 방법론(Methodology)의 설계였다. 이 글을 읽는 독자들은 멀티플 메소드 디자인(Multiple method design)과 멀티메소드 디자인(Multimethod design)의 차이를 구분할 수 있는지 궁금하다. 한국어로는 두 방식 모두 '다중 방법 설계'로 번역된다. 논문에서 방법론을 구성할 때는 두 가지 정도 큰 차이가 있지만, 대부분(특히 유학생의 경우) 혼용해서 사용한다. 나 역시 논문에서 이 두 가지 용어를 혼용해서 사용했다가 심사 과정에서 지적을 받았고, 다시 개념을 잡고 이를 수정하기 위해 추가적으로 많은 시간을 들여야 했다. 간단히 말하자면, 멀티플 메소드 디자인은 한 가지 주제에 대해 연구할 때(한 프로젝트에서) 양적, 질적 방법론을 동시에 사용하여 하나의 결과물을 만들어 내는 것이며, 멀티메소드 디자인은 다양한 방법론을 다양한 주제나 프로젝트의 목적에 맞게 사용하고, 이들의 결과물을 하나로 모아 의미 있는 결론을 만들어 내는 것을 의미한다. 나의 논문은 하나의 큰 주제에 대해 주요 네 개의 챕터에서 다른 연구 대상, 연구 질문, 연구 방법론을 사용했고, 이를 바탕으로 큰 주제에 대한 대결론을 이끌어 내는 구성을 가지고 있기 때문에 멀티메소드 디자인이 적합했다. 방법론 설계 방식을 정하고 난 후, 실용주의 연구 철학과 멀티메소드 디자인이 어떻게 연결되며, 왜 내 연구에 가장 합리적인지 설명해야 했다. 이렇게 연구 철학과 방법론 설계에 대한 설명이 마무리되면서 내 연구의 각 장에서 사용할 구체적인 연구 방법들을 설명할 밑그림 작업이 끝이 났다. 하지만 논문 작성에서는 처음부터 이 밑그림부터 그릴 수는 없었다. 주요 장들을 먼저 작성하고, 그곳에서 사용된 연구 방법들을 바탕으로 연구 방법론 전체에 대한 밑그림을 그려야 했다. 그리고 중요한 것은 내가 선택한 연구 철학과 방법론 설계가 왜 내 연구에 합리적인지 하나하나 설명하고, 또 이들을 하나의 논리적인 이야기로 부드럽게 꿰어 내야 했다. 즉, 방법론 구성에서 내가 선택한 사항들, 주요 장의 결과들, 주요 요소나 개념들 사이의 연결 고리들을 계속 찾고, 이 연결 고리들을 바탕으로 부드럽게 이야기로 풀어낼 줄 아는 것이 매우 중요했다. 그래야 논문을 쓰는 나도, 논문을 읽는 사람도 내가 선택한 체계적 방식들을 이해할 수 있음을 박사 연구 과정이 끝나갈 무렵이 되어서야 깨달을 수 있었다.

기존에 작성한 주요 장들을 바탕으로 멀티메소드 디자인에서 만들어 낸 연구 스토리는, 첫째, 체계적 문헌 검토를 통해 내 연구 주제의 최신 현황, 이전 연구들의 한계, 필요한 연구 방향성을 모색하고, 둘째, 실제 사례를 바탕으로 한 연구를 통해, 문헌 검토에서 확인한 이전 연구의 한계를 극복하고, 앞서 모색한 필요한 연구 방향에 따른 실증 결과물을 도출하며, 셋째, 이론적 분석을 통해 실제 사례에서 확인된 문제점들에 대한 일반화가 가능한 해결 방안을 제안한다는 것이었다(아래 그림 참고). 하지만 실제 박사 학위 과정에서는 사례 연구(case study)에 대한 구상을 가장 먼저 했었고, 체계적 문헌 검토(systematic literature review)를 그다음으로 그리고 이론적 분석(theoretical framework analysis)을 가장 마지막으로 구상하였고, 관련한 구체적인 계획을 세웠다. 이렇게 장별로 다른 접근법을 이용하고 내용의 구분이 명확해진 이유는 내 연구를 논리적으로 더 탄탄하게 만들기 위함도 있지만, 각 장의 결과들을 저널에 게재하여 졸업할 때 최대한 많은 실적을 가지고 싶었기 때문이었다. 결과적으로 말하자면, 박사학위 논문을 바탕으로 SCI급 논문 2개와 SCIE급 논문 1개 [43] 그리고 현재 SCI급 저널에 리뷰 중인 논문까지 총 4개의 소논문들을 만들어 낼 수 있었다.

---

43 Science Citation Index(SCI), Science Citation Index Expanded(SCIE)

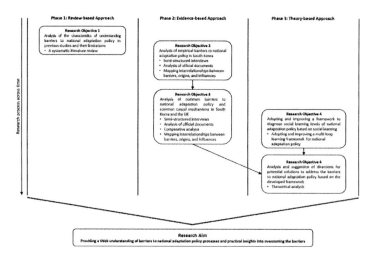

연구 설계

　　체계적 문헌 검토(systematic literature review, SLR)는 전혀 알지 못했던 방법론이다. 문헌 검토 논문(review article) 형식이 있는 것을 알지만, 하나의 체계적인 문헌 검토 방법론이 있는지 몰랐다. 박사 학위 1년 차에 문헌 검토 부분 작성을 위해 다양한 논문과 자료들을 보던 중 SLR을 사용한 소논문들을 봤다. 특정 이슈에 대해 기존 연구들이 있지만 확인되지 않은 명확한 연구 질문을 설정하고, 이에 대한 답을 찾기 위해 체계적인 자료 분류 기준을 세우고, 기준에 부합하는 모든 자료를 검토하는 방식이었다. SLR은 명확한 기준과 접근법, 검토한 자료, 연구 절차 등을 모두 공개하기 때문에 하나의 체계적이고 객관적인 방법론으로 인정받고 있었다. 나의 연구 주제에 대해 기존 연구들을 체계적으로 검토할 수 있고, 검토 결과는 객관적이며, 이를 활용해서 소논문으로 낼 수 있기에 너무나도 좋아 보였다. 당장 교수님에게 달려가서 이 방법론으로 문헌 검토 부분을 쓰고 싶다고 말했더니, 교수님의 답은 "쉽지 않을 거야."였다. 문제는 모두가 인정할 수 있는 자료 분류 기준을 세우는 것 그리고 그 기준을 통과해서 검색된 방대한 자료들을 모두 검토해야 한다는 것이었다. 예를 들어, 내가 검토하고자 하는 자료가 '2008년부터 2019년 사이에 발간된 것'이라는 시간적 기준을 세웠다면, 왜 2008년부터인지 근거를 먼저 설명해야 했다. 단순히 '이 시기가 중요한 시기이기 때문이다'라는 방식은 지도 교수님을 설득하기에도 충분하지 않았다. 또한 소논문으로 저널에서 리뷰를 받는 과정에서는 더욱더 철저히 비판을 받기도 했다. 기준 하나 또는 선택 하나하나에 객관적인 근거가 뒷받침되어 논리적인 설득이 가능해야 했다. 심지어 내가 왜 자료 검색 데이터베이스로 웹오브사이언스(Web of Science)를 사용하는지, 왜 영어로 작성된 논문만을 검토하는지에 대해서도 구체적으로 설명해야 했다. 기준을 설명하는 것이 끝이 아니었다. 1차 검토 자료의 수가 약 2,500개였다. 이 방법론은 문헌 검토에서 연구자의 문헌 선택이 특정 자료에 쏠리지 않도록 주관성을 최대한 방지하기 위한 좋은 방법론이지만, 읽을 자료들이 너무 많았다. 자료 분류 기준과 분석 기준까지 고러하면서 약 2,500개의 자료들을 읽는 것은 말 그대로 중노동이었다. 이를 통해 체계적이고 객관적인 방법론을 선택할수록 연구자의 더 많은 에너지와 시간을 쓰고, 철저하게 처리해야 할 것들이 많다는 것을 뼈저리게 느꼈다.

사례 연구에서 가장 나를 괴롭혔던 것은 '왜 한국과 영국 사례를 연구 대상으로 하느냐'에 대한 논리적 설명이었다. 사실, 박사 학위를 시작하고 사례 연구를 다 끝내면서까지 왜 한국과 영국이 연구 대상이 되는지, 이 두 사례를 비교하는 것이 왜 중요한지, 비교 분석 결과가 다른 사례들에 어떤 영향(implication)을 줄 수 있는지 깊게 생각해 본 적이 없었다. 한국에서 국가 단위 정책 수립과 이행 과정에 참여했었고, 한국의 기후 변화 정책이 영국 사례를 많이 참고하니 영국으로 유학을 선택했기에 자연스럽게 한국과 영국 사례를 연구 대상으로 선택했었다. 특별한 논리적인 근거나 기준을 바탕으로 연구 사례를 선택하지 않았던 것이다. 하지만 연구에서 이러한 선택과 결정은 결정적인 약점이 되었다. 논문 작성 막바지에, 특히 다중 사례 비교 부분에서 사례 선택에 대한 논리적 근거나 기준 부재가 지적되었다. 큰일이었다. 이미 모든 사례 연구가 끝난 시점에서 사례 선택에 대한 논리가 부실하다는 지적을 받은 것이다. 나는 부랴부랴 한국과 영국의 기후 변화 대응의 공통점과 차이점을 다시 분석하고, 이를 바탕으로 대여섯 가지의 기준을 만들고, 이 기준에 부합하는 것이 한국과 영국이라고 다소 억지스러운 논리를 만들어 냈다. 그랬더니 내가 만든 그 기준들이 왜 중요한지에 대한 질문과 근거 제시에 대한 요구가 들어왔다. 또 부랴부랴 그 기준들에 대한 근거를 주렁주렁 달았다. 의사 결정과 근거 마련의 논리적 순서가 완전히 거꾸로 된 것이다. 즉, 자료와 근거를 바탕으로 기준을 세우고 이를 통해 사례를 선택한 것이 아니라, 모든 것이 거꾸로였다. 박사학위 연구를 하면서 가장 부끄러운 순간이었다. 지금도 이 사례 연구를 바탕으로 저널에서 리뷰 중인 소논문에서도 유사한 지적을 받고 있다. 억지 부린 선택과 글은 연구와 논문 글쓰기에서는 정당하게 받아들여질 수 없었다. 이 일련의 과정에서 나는 연구라는 영역에서 의사 결정과 선택은 체계적인 근거와 과정을 거쳐서 누구나 고개를 끄덕일 수 있는 객관성을 가져야 한다는 사실을 몸소 깊게 배웠다. 이 글을 읽는 독자들도 억지 부리지 않는 글쓰기와 연구를 위해 논리적이고 근거가 충분한 의사 결정 과정을 하나하나 준비해 나갔으면 좋겠다.

이야기꾼이 되어 가는 박사생

학위 연구가 다른 프로젝트나 사업 기반 연구와 다른 점 중 하나는 학술적 기여와 이론적 배경의 유무일 것이다. 나 역시 논문을 쓰면서 방법론을 위한 철학이나 이론이 아닌, 내 연구 주제와 학위 논문 전체를 아우르는 이론적 배경이 필요했다. 기후 변화 정책 관련 연구이기에 2년 차 후반부터 행정학, 정책학(공공정책학, 환경정책학)에서 사용하는 이론들을 찾고 공부하기 시작했다. 기존에 명확하게 성립되어 있는 각 이론의 요소와 방향, 논리를 내 연구에 적용하는 것은 쉽지 않았다. 특히 실제 사례에서 확인된 정책적 문제를 해결하기 위해 학문적 이론을 바탕으로 일반화할 수 있는 해결 방안을 제안하는 것은 매우 어려운 일이었다. 다양한 이론들을 검토하는 데에만 4개월 이상을 보냈다. 각 이론을 구체적으로 공부해 봤지만, 내가 원하는 방향과 100% 일치하는 또는 논리적으로 기가 막히게 들어맞는 단독 이론은 없었다. 긴 고민 끝에 새로운 접근법을 시도해 봤다. 연구에서 사용하는 핵심 개념과 요소들, 이제까지 검토했거나 지도 교수님이 추천해 주신 이론들을 모두 펼쳐 놓고 줄 긋기를 통해서 개념, 요소, 이론들 사이의 연결 고리를 찾아보았다. 그리고 그 연결 고리들을 엮어서 자연스러운 이야기로 만들어 봤다. 그랬더니, 유레카! 전혀 의외의 곳에서 내 논문에 어울리는 이론을 발견했다. 이는 행정학이나 정책학이 아닌 행동주의와 인지주의 두 가지 학습 이론이 결합된 '사회학습이론(Social Learning Theory)'이었다. 기후 문제나 환경 문제와 같이 단순한 방법으로 해결하기 어려운 사회 문제들은 '사악한 사회 문제(wicked problem)'로 개념화되는데, 이러한 문제를 해결하는 방안으로 사회학습이론을 바탕에 둔 접근법이 제안되고 있었다. 이를 적용해서 현재 내 연구에서 다루고자 하는 기후 변화 적응의 문제를 '사악한 문제'로 설정하고, 사회학습이론적 접근(그중에서도 multi-loop learning)을 통해 분석하고 해결 방안을 제시한다면 이론적으로, 논리적으로 자연스러웠다(아래 그림은 위 이론의 적용 방식에 대한 도식화를 나타낸 것이다). 그리고 이러한 접근은 논문 심사에서 좋은 평을 받았었다. 많은 연구자들 특히 박사 학위를 준비하는 사람들이 이론적 배경 설정에 어려움을 겪는다. 이런 경우, 나는 다양한 이론들을 펼쳐 놓고 내 연구의 주요 요소들과 연계성을 찾아 자연스러운 이야기 하나를 만들어 볼 것을 추천하고 싶다. 그 이야기가 자연스러울수록 자신의 연구가 논리적이고 합리적임을 스스로도 느낄 수 있을 것이다.

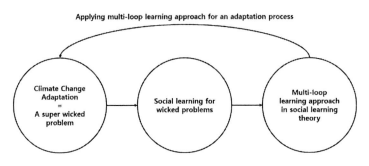

사회학습이론을 적용을 위한 논리 마련

열셋.
인섭의 이야기

박사 학위 논문 쓰기, 정도(程度)를 모르는 정도(正道)는 답이 아니다

당연하고도 쉬운 것?

논문 작성을 완료한 뒤 최종 제출까지 해 놓고 나니 4년여 전 지도 교수님께 받았던 첫 이메일이 기억난다. 당시 우리 교수님이 박사 과정 공부 전반에 대한 식견을 넓혀 줄 것이라며 추천해 주셨던 3권의 책을 복기해 본다.

Booth, W. C. et al., 『The Craft of Research(4th edition), Chicago』, IL: Chicago University Press, 2015

Dunleavy, P., 『Authoring a PhD: How to Plan, Draft, Write and Finish a Doctoral Thesis or Dissertation』, Basingstoke: Palgrave Macmillan, 2003

Eco, U., 『How to Write a Thesis』 Cambridge, MA: MIT Press, 2015

각각 연구를 수행하는 과정, 박사 과정 공부를 수행하는 과정 그리고 학위 논문을 작성하는 방법에 대한 위의 책들은 짐짓 당연한 내용들을 굳이 어려운 말로 써 놓은 모양새다. 지금 돌이켜 보면, 쉬운 것을 어렵고 길게 풀어 쓰는 것이 박사 학위 논문을 집필하는 데에 필요한 능력이라는 점에서 이들은 몸소 '정석'을 보여 주는 걸작이라고 볼 수 있겠다.

정공법에 따르면 논문은 첫 장부터 마지막 장까지 순서대로 작성되어야 한다. 서론을 통해 연구의 배경과 필요성에 대해 역설하고, 선행 연구 분석을 통해 나의 연구가 어떤 학문, 어떤 분야에 기여할 수 있을 것인지에 대해 논하며, 방법론 장을 통해 연구가 구상된 이론적인 틀, 데이터가 모이고, 분석된 방법 등등을 설명한다. 이렇게 연구의 기틀에 대해 충분한 설명을 제공한 뒤 데이터 분석의 결과를 기술하며 나의 주장을 전개하고, 간략하지만 임팩트 있는 요약과 더불어 앞으로의 연구 방향을 제시한다. 이렇게 끝나는 논문, 얼마나 매끄럽고 또 당연한가?

그렇게 나는 첫 3년 동안 연구를 '어떻게 쓸 것인가'에 대한 부담을 멀찍이 치워 놓았다. 그동안 나는 연구의 철학과 관점, 방법론을 다지고, 현장 조사(Fieldworks)를 통해 데이터를 모으고, 수집된 데이터를 여러 차례 분석하고, 도출된 내용을 어떤 식으로 제시하는 것이 효과적일 것인가에 대한 구상을 마칠 수 있었다. 물론, 이 과정에서 수많은 우여곡절이 있었고, 또 굉장한 고뇌의 시간이 있었지만 말이다. 2022년 11월, 이제 저 '당연한 작업'에 착수하면 되겠다고 자신하게 된 나는 서둘러 지도 교수님께 writing-up 단계로 승급시켜 줄 것을 요청하였다.

크나큰 착각과 행복 회로

시작이 반이라는 말도 있고, 쓰기'만' 하면 되는 단계[44]에 접어들었다고 생각하니 1년의 writing-up 기간이 너무나도 널널하게 느껴졌다. 컴퓨터 앞에 앉는 날이 줄었고, 집밥 백선생이 공개한 거의 모든 요리를 따라 만들며, 음주를 즐길 여유가 덜컥 생기고 나니 '박사 별것 아니구나' 하는 생각이 스멀스멀 올라오기 시작했다. 이것을 '착각 1'이라고 칭하겠다. 그렇게 조금은 방탕한 생

---

44 영미권에서 흔히 All but Thesis, 혹은 All but Dissertation(ABD) 단계라고 부른다. 우리말로 바꾸면 '박사 수료'에 준한다.

활을 지속하다 보니 묵혀 있던 3년간의 피로도 풀리지 않았거니와, 불규칙한 패턴 때문에 어딘가 나사가 빠진 모양새가 되기 시작했다. 〈테마 1〉에서 참 절절하게 묘사되었듯, 이후 반년가량을 지속적인 건강 문제로 고생해 왔다.

2023년 7월, 육체와 정신의 건강을 어느 정도 되찾고 나니 비로소 논문이 눈에 들어왔다. 마음을 다잡고 매일같이 학교의 골방에 처박혀 '당연한 작업'을 이어 가던 중, 생각보다 진척도가 많이 떨어진다는 느낌을 받았다. 왜 그런고 보아하니 나는 '정공법'을 논문을 '쉽고 빠르게 쓰는 방법'으로 오해하고 있었다는 것을 깨달았다. 이것을 '착각 2'라고 칭하겠다. 물론, 위에 언급한 3권의 책은 논문을 '잘' 쓰는 방법에 관한 것이지 그 어떤 것도 논문을 '빨리 그리고 효율적으로' 쓰는 방법에 관한 것이 아니었다.

논문의 제출 기한이 3개월가량 남았을 2023년 10월, 논문은 18,000단어 분량의 '서론'만 그럴듯하게 작성된 상태였다. 하지만 이때까지도 사태의 심각성을 인지하지 못하고, 머릿속으로는 말도 안 되는 행복 회로를 굴리고 있었다. 12,000단어 분량의 석사 학위 논문을 보름 만에 작성했던 경험이 있었으니 나머지 60,000단어를 채워 넣는 데에는 약 75일, 즉 두 달 반 정도가 소요될 것이며, 그렇기에 3개월의 시간이 충분하디 충분하다는 기적의 산술법을 믿었던 것이다. 이것을 '착각 3'이라고 칭하겠다. 아직 서양판 '용두사미' 그림이 마냥 웃겨 보이기만 했던 것까지 포함하여.

얼떨결에 논문 제출까지

논문의 당초 제출 기한이었던 2024년 1월, 논문은 78,000단어 분량의 글이 되었다. 하지만, 그 퀄리티가 워낙 조악했던 탓에 도무지 교수님께 보여 드릴 마음이 들지 않았던 나는 결국 지속적인 건강 문제를 들어 논문의 제출 기한을 약 8개월 연장하게 되었다. 덕분에 한결 여유가 생긴 나는 비로소 논문을 차근차근 살펴볼 기회를 얻었다. 걱정했던 것처럼, 혹은 그것보다 많이, 논문은 엉망진창이었다. 1인칭과 3인칭을 넘나드는 표현들, 결과적으로는 연구의 발견 및 논의와는 동떨어져 있는 선행 연구 분석 주제들, 그림일기에 가까울 정도로 기술적인(descriptive) 연구 방법장, 갑자기 튀어나오는 젠트리피케이션에 관한 논의 등 스스로 돌아보기에 부끄럽기 그지없는 글이었다. 내가 쓴 글을 읽는 것이 그렇게 어지러울 수가 없었다.

대대적인 수술이 불가피하다는 판단 아래, 나는 첫 번째로, 쓴 글을 해체하고 다시 나열하는 접근을 취했다. 몇만 단어 규모의 육중한 글은 마주하는 것만으로도 위압감이 들게 했기 때문이다. 덩어리진 글을 세부적으로 쪼개는 이 접근법은 특히 선행 연구 분석 장을 수정하는 데에 큰 도움이 됐는데, 한 줄 내지 두 줄 규모로 잘게 쪼개져 제시된 선행 연구로부터 새로운 연결점과 분절점들이 보이기 시작했기 때문이다. 예컨대, 기존에 '민족 다양성과 도시 발전'이라는 이름으로 뭉뚱그려져 있던 많은 사례 연구들은 '민족 자본(Ethnic Capital)', '초국가적 네트워크(Transnational Networks)', '엔클레이브 효과(Enclave Effects)' 등 서로 다른 원리로 작동하는 시스템을 보여 주는 문헌들로 구분되었으며, 개별 도시에서 보여지는 사례들은 그것을 둘러싼 여러 맥락들에 의해 구성된 독특한 결과들로 재해석되었다. 이 과정을 통해 약 6,000단어 분량의 섹션을 구성하였던 선행 연구 중 절반가량이 내 연구에 대해 뚜렷한 시사점을 제공하지 못한다는 것이 확인되었고, 그 부분은 폐기되었다. 단층 촬영을 하고 나서야 비로소 안 보이던 혹이 보이는 것과 같은 맥락일까?

둘째로, 혹을 떼어 낸 뒤 수척해진 논문을 '몸조리'에 부쳤다. 우선, '핵심'이라는 목적의식 아래 '필요 이상의 정보'로 간주되었던 내용들, 그러니까 실제 선행 연구 장에는 실리지 않았던 내용들을 야금야금 떠먹이기 시작했다. 이렇게 보충된 에너지는 두 가지 효과를 냈는데, 하나는 선행 연구 분석을 구성하는 개별 주제에 대한 논의들이 더욱 풍부하게 '펌핑'된 것이고, 다른 하나는 그 논의들이 어떤 측면에서, 어떤 논리로 서로 연결되는지에 대한 설명이 좀 더 공고해진 것이었다. 예를 들면, 기존에는 '다문화주의에 대한 인류학적 접근'이라는 제목 아래 단순히 나열되는 정도로 소개되었던 여러 사례 연구들이 관찰 대상, 장소, 시간 등의 양분을 공급받고 나니 제각각 다르지만, 공통적으로 '매개자' 혹은'매개물'의 역할을 관측 가능케 포착하고 있다는 점을 발견할 수 있었다. 이 발견은 '이국성'이라는 감각적 특성을 단순히 이태원이 지닌 하나의 '흡입 요인'으로 보는 관점을 넘어 이태원이라는 지역이 '한국인', 혹은 '한국 사회'에 대해 갖는 관계를 매개하는 문화적 특성이라는 새로운 해석을 가능케 했다. 즉, 이태원의 한국인과 한국 사회가 '이국성'이라는 개념에 대해 가져온 인식 체계가 구체화되는 공간으로써 기능해 온 것이라는 해석이 도출된 것이다. 이러한 관점에서 볼 때, 이태원에서 발견되는 여러 문제적 상황들은(예컨대 이주민 인구의 주변화, 문화적 획일화 그리고 젠트리피케이션 등) 단순히 거대 자본의 유입, 문화를 상품화하는 정책들 등에 의해서만 발생한 것이 아니라 문화적 다양성을 국가 및 민족 발전의 방법론으로써 인식해 온 한국 사회의 이데올로기를 반영하는 현상인 셈이다. 이 논의가 내 연구의 '히든 카드' 중 하나라는 점에서 이 작업은, 운동에 비유하자면 근비대와 유연성을 동시에 이끌어 낸 기적의 운동법 같은 것이었던 셈이다.

마지막으로, 나는 기계적으로 글의 수미상관을 맞추었다. 예컨대, 각 장의 도입부에서 '이런저런 것을 하겠다'라고 했다면, 결론 부분에서는 '이런저런 것을 하였다'라고 명확하게 언급하였다.

비록 문단마다 완전히 같은 구조와 완전히 같은 단어들을 반복적으로 활용하지는 않았지만 말이다. 이러한 퇴고 과정을 거치고 난 뒤의 논문은 장 하나하나가 시작되고 끝날 때마다 '봤지? 됐지?'라고 계속 묻는 모양새라 다소 유치하게 느껴지긴 했으나, 박사 논문처럼 호흡이 긴 글을 소화하기 위해서는 이러한 장치들이 하던 앞선 이야기가 왜 서술되었는지 기억하기 힘든 독자들에게는 도움이 됐을 거라고 생각한다.

이 대수술을 거치고 난 뒤인 2024년 6월, 밑져야 본전이라는 생각으로 나는 감히 'full draft'라는 수식어를 붙여 지도 교수님께 논문을 보내 드렸다. 어차피 두어 번의 수정은 불가피할 것이라는 예상과 달리, 아래와 같이 믿을 수 없는 답신을 받았다.

내 의견을 첨부하니 확인해 보게. 코멘트할 부분이 거의 없었다네. 아주 재미있게 읽었다네. 아주 훌륭하고 환상적인 일을 해냈구만! 자네의 연구는 분석적으로, 이론적으로 그리고 형식적으로도 아주 훌륭하네. 자네의 글은 명확하고도 환상적이라네. 논문은 완벽하게 구성이 되었고, 아무 문제 없이 통과될 것임에 의심의 여지가 없다네.

이후 약 2개월간 'minimal하다'는 코멘트를 반영하여 논문을 수정하였다. 교수님의 답신은 뭘 그렇게 열심히 고치느냐, 귀찮게 굴지 말고 빨리 제출이나 하라는 듯한 뉘앙스. 2024년 9월 초, 그렇게 나의 박사 학위 논문은 얼떨결에 제출되었고, 2024년 12월 중순, 그 마지막 관문인 구술 심사(viva voce examination)를 1시간 만에 통과하였다.

학위 논문 작성에 대한 사파적 조언

물론 내가 겪은 이 과정은 원리 원칙과는 거리가 멀 수 있다. 하지만 그렇기에 나의 경험들을 바탕으로 영국에서 박사 학위 공부를 시작하려는 사람들 그리고 아직 논문 작성을 시작하지 않은 사람들을 위한 나의 피와 살 같은, 뼈저린 조언을 남긴다. 우선, 논문 작성은 '전략적'이어야 한다. 장인 정신을 발휘하고 '정공법'을 따르는 것은 물론 박수 받아 마땅한 일이다. 하지만 나는 이 '전략'이 단순히 효율적이고 효과적인 논문 작성에만 도움이 되는 것이 아니라, 그러한 '정파적 접근'을 취하는 동안 피폐해질 정신과 육체를 사전에 구출할 방편이라고 생각한다. 정말 사소한 노하우 같지만 굉장히 실용적인 조언을 아래와 같이 남기고 싶다.

첫 번째, 연구의 Findings 장부터 먼저 작성하라. 논문을 하나의 '책'으로, '서사'로 봐야 한다는 정파 지도 교수님의 격언이 있었으나, 다 쓰인 논문이 그렇게 읽히면 그만이다. 분야에 따라 다르겠지만 보통 사회과학의 질적 연구라면 3-4개의 Findings 챕터를 갖춘 논문을 쓰게 될 것이다. 이 중 하나의 챕터를 최대한 빨리, 완성도 높게 작성하는 것이 좋다. 그래야 같은 구조를 활용하여 나머지 2-3개의 챕터를 더 수월하게 작성할 수 있다.

두 번째, 선행 연구 분석 장은 나중에 작성하라. 선행 연구 분석 장을 장황하게 작성해 놓고, 분석 장을 작성한 뒤, 되돌아보면 많은 문헌들이 너무 광범위한 범위에서 연관되어 있음을 발견하게 될 것이다. 그러니 선행 연구 분석 장은 그 범위를 본인의 연구와 어느 정도 밀접한 것으로 설정할 수 있을 때, 그리고 그것이 15,000-20,000단어 정도의 분량으로 다루어질 수 있을 때 작성하는 것이 이롭다.

세 번째, 웬만하면 Acknowledgements를 먼저 쓰지 마라. 아마도 박사 학위 논문에서 가장 수려한 한 페이지일 것이다. 단어 하나, 이름 하나, 줄 간격 하나하나가 무엇보다 신경 쓰인다. 쿨하게 'for XXX'라고만 쓸 수 있는 사람이 아니라면 논문 작성이 다 끝난 뒤 공들여 쓰면 된다. 당연히 8만, 10만 단어에 육박하는 글을 쓰고 난 뒤의 글솜씨가 더 수려해진다. 이 부분을 먼저 써 놓으면 무엇보다, 뭐라도 된 것 같은 착각에 빠지게 된다(나처럼).

네 번째, A.I. 도구를 똑똑하게 활용하라. 물론, ChatGPT 등의 활용을 '적극' 권장하는 지도 교수는 드물다. 하지만 그것이 '잘' 활용된다면 발견될 이유도, 저지당해야 할 이유도 없다는 것이 개인적인 생각이다. 나의 경우, 도무지 영어로는 잘 전달되지 않을 것 같은 생각들을 한국어로, 정말 치밀하고 친절하게 작성한 뒤 ChatGPT에게 3-4번의 번역을 의뢰했다. 군말 없이 시키는 일을 묵묵히 해내는 이 훌륭한 친구는 어느 정도 우정이 쌓이고 나면 내 문체를 학습하여 번역문에 반영하기까지 한다.

그리고 마지막으로, 됐다 싶으면 멈춰라. 뒤로 가는 중일지도 모른다.

김선우

저는 원래 공연 기획자를 꿈꾸는 사람이었습니다. 20대 때는 노래 부르는 것을 좋아하고, 음악을 사랑하며, 다양한 사회적 주제를 담은 공연을 기획하고 실연하는 것을 좋아했습니다. 군 제대 후 공연 기획 혹은 내용의 근본을 채울 수 있는 석사 과정을 찾던 중 예술철학에 꽂혀서 아무런 준비 없이 영국에서 첫 번째 석사를 시작했었지요. 영어로 된 철학 용어를 이해하기 위해서 진땀을 빼기도 하고, 거의 울면서 칸트, 헤겔, 프랑크푸르트 학파와 관련된 과제들을 써 내려갔던 기억이 있습니다. 그 당시에는 충분히 이해하지 못했지만, 지금 돌이켜보면, 근대예술철학은 정말 매혹적인 학문이었고(그것의 한계에 대한 고찰조차도), 현재 저의 학문적 관점에 많은 밑거름이 되었습니다. 논문을 작성할 때 특정한 철학자의 이론에 의존하고 있지는 않지만, 여전히 이러한 밑거름이 현재 연구를 발전시키는 데 통찰력을 주고 있습니다.

만족스러운 성취에도 불구하고 신기하게도, 서양 중심으로 펼쳐진 학문 세계와 그것에 대항하는 여러 가지 논의들을 공부하던 중 저의 관심사는 오히려 사회학 쪽으로 바뀌었습니다. 특히 한국 도시에서 일상의 소외라는 사회적 문제에 많은 관심이 생겼습니다(아마 저는 건물숲에 둘러싸였던 저의 서울 생활과 대조되는 런던의 자연이 가득한 거리와 색다른 도시 감각적 배치 및 경험에 매료되었던 것 같습니다). 국내에서 박사를 지원했었으나, '다른 분과'라는 이유로 두 번째 석사를 제안받았습니다. '두 번째 석사를 해야 한다면 차라리 영국에서 하는 게 낫지 않을까?'라는 생각에 골드스미스 런던 대학교 사회학 석사 과정에 들어갔고, 그 이후로 다양한 창의적인 질적방법론, 작은 캠퍼스와 학과가 가질 수 있는 끈끈한 커뮤니티 그리고 교수들의 사려 깊음에 반해 박사를 시작한 지 벌써 3년이 되었습니다.

이 책 집필 프로젝트에 참여하게 된 계기는 저의 개인적인 이야기가 많은 분들과 어느 지점에서 맞닿아 있다고 느꼈기 때문입니다. 평소에 원체 감정 기복이 많지 않은 저였지만 첫 번째 석사와 박사 초반은 인생 중 최고의 과도기였습니다. 학문적 소통에 대한 어려움뿐 아니라 일상에서의 소통도 때로는 힘에 겨웠지요. 박사생 동료들과 나눈 가벼운 대화 중에도 신중하게 단어를 선택해야 한다는 강박에 식은땀이 나기도 했습니다. 그러던 와중에 제 주변에 많은 한국인 석사생과 박사생들이 같은 문제를 겪고 있다는 것을 발견했습니다. 다른 언어 그리고 다른 문화에서 오는 생각과 인식의 차이로 인해 때로는 남의 반응을 과하게 의식하기도 하고, 자기방어적으로 상대방의 소중한 의견을 평가절하하고, 때로는 무능력하다며 스스로를 지나치게 자책하는 모습들을 경험하고 보아 왔습니다. 영어가 익숙지 않은 한국인 유학생들이라면 쉽게 공감하실 거라고 생각합니다. 사실 우리가 조금만 더 현명하게 그리고 용기 있게 소통한다면 같은 시간 내에서 더 많은 것을 얻을 수 있다는 것을 깨닫는 데 저는 생각보다 많은 시간을 소비한 것이지요.

이제 3년 차에 접어들고, 앞으로 더 많은 길을 걸어야지 박사 과정이 끝나겠지만 두 번의 석사와 2년간의 박사를 통해서 깨달은 '내가 아닌 다른 사람들과의' 소통의 중요성을 짧게나마 여기에 남길 수 있어서 기분이 좋습니다. 많은 상황에 적용할 수 있는 실질적인 방법이 제시되지 않았더라도 많은 분들에게 도움이 되었으면 좋겠습니다. 제 글에는 담지 못했지만, 영국 내 어디에서 박사 생활을 하시건 한국에서는 느끼지 못하는 많은 자연의 소리를 들으시고, 그것들과 소통하시며 건강하게 공부하시길 바랍니다.

🎓 송인섭

저는 런던에 소재한 시티 세인트조지 대학교(City, University of London)에서 한국 다문화주의 이데올로기가 어떻게 이태원이라는 도시 공간의 발전과 변화에 반영되어 왔는지에 대한 연구로 박사 학위를 갓 취득한 송인섭입니다. 학부에서는 관광학과 문화산업, 석사 과정에서는 문화정책 및 철학에 대해 공부하였고, 도시 재생이라는 멋진 분야에 매료되어 잠깐 동안 연구원으로 활동하였으며, 이후 영국으로 돌아와 학업을 이어 오고 있습니다. 공부 이외의 시간 대부분은 박사 과정 공부를 시작하기 직전에 태어나 어느덧 다섯 살이 넘은 개구쟁이 큰아들 그리고 학위를 마치자마자 갓 태어난 갓난쟁이 작은아들과 오래도록 남을 추억들을 만들기 위해 쓰고 있습니다. 정원 가꾸기, 베이킹, 요리, 커스텀 자전거 만들기 등 갖가지 취미들을 함께 키우고 있습니다.

굉장히 친한 주변인들마저 반복적으로 묻는 질문이 있습니다. 왜 대학원 공부를, 그것도 박사 과정까지, 하필이면 영국에서 하게 되었냐는 겁니다. 사실, 최근까지만 해도 이런 질문에 대해 내놓을 수 있는 답변이 그다지 마땅치는 않았습니다. 단지 오래전 영국에서 유학하셨던 부모님 밑에서 자란 덕에 영국에 대해 묘한 친밀감을 갖고 있었고, 세상을 보는 눈이 좁았던 시절부터 부모님의 삶을 따라하는 것이 좋은 삶의 표본이었기 때문이며, 원체 고민을 싫어하는 성격이었기에 영국에서의 박사 과정 수학은 어쩌면 무비판적으로 믿어 온 삶의 '正道'였다고 볼 수 있을 것 같습니다. 물론 덜컥 졸업을 하고 일자리에 대한 고민이 현실로 다가온 지금에 들어서는 나의 지난 여정에 대한 권태감과 엄습해 오는 불안감을 해소하기 위해 자기 최면을 걸 듯 그럴싸한 이유를 찾아 대고 있습니다. 대부분 공부하고 싶은 분야가 한국에선 하기 어려운 분야라는 둥, 양적 연구로 가득한 세상에서 한 명의 멋진 질적 연구자가 되고 싶다는 둥, 역시 영국의 커리큘럼만이 독립적인 연구자의 양성에 도움이 된다는 둥, 얼토당토않는 것들입니다. 간혹 질문이 너무 힘이 부칠 때면 지도 교수님의 성함과 직책, 인용 수 등을 방패로 쓰기도 합니다(이 책에서도 지도 교수님 이야기를 자꾸 드리게 될 것 같은데, 제 자신의 부끄러움과 권태감을 숨기기 위한 방어 기제의 일환이니 너그럽게 이해해 주시면 감사하겠습니다).

이 책을 읽는 많은 분들이 궁금해하실 것 같은 '지원 과정'은 예상보다 너무나도 간단했습니다. 세간에 돌아다니는 대학원생 meme의 내용처럼 지도 교수의 '함정'에 빠진 건 아닌가 싶을 정도였네요. '문화'와 '도시'라는 두 개의 키워드를 잡고, 해당되는 연구를 수행할 만한 학과 혹은 단과대학을 찾은 뒤, 그곳에 재직 중인 사람들에게 이력서(CV)와 연구계획서를 무턱대고 보냈습니다. 세세하게 이름들을 밝힐 수는 없지만 몇몇 사람들은 메일을 읽고서도 답신을 주지 않았고, 몇몇은 정중하게 거절했으며, 어떤 분들은 제 연구를 더 잘 봐 줄 것으로 기대되는 학교를 친히 소개해 주기도 했습니다. 몇 번의 무응답과 거절을 겪은 후, 될 대로 되라는 마음으로 Andy에게 허접한 내용의 연구계획서를 보냈던 기억이 납니다. 개인적인 연은 전혀 없었고, 막연하게 석사 과정 공부를 할 때와 연구원으로 재직할 당시 읽었던 문헌에 자주 등장하는 이름이었기 때문입니다. 당연히 답신을 받지 못하리라 생각했지만, 놀랍게도 이틀 만에 장문의 답신을 보내 온 Andy는 제 연구가 흥미롭다고 일러 주며 정식으로 지원 절차를 밟으라고 하더군요. 그렇게 저는 제 터무니없던 계획에서 가능성을 발견해 준 고마운 사람과 사제의 연을 맺게 되었습니다. 그 흔한 인터뷰 하나 없이 박사 과정 공부를 시작했던 것도 지금 돌이켜 보면 새삼 놀라운 일이네요.

첫돌이 채 되지 않았던 아기와 외국 생활이 익숙지 않은 아내를 데리고 이 나라에 도착했던 때부터 오늘까지, 5년여의 시간이 너무 빠르게 흘러간 탓에 뭐가 어떻게 흘러갔는지 잘 기억조차 나지 않을 정도입니다. 그동안 아이는 홀로 몸을 뒤집고, 두 발로 서고, 뛰고, 말을 하고, 이제는 2개 국어로 엄마, 아빠와 노가리를 까면서 갓 태어난 동생들을 돌봐 줄 수 있을 정도로 컸습니다. 어처구니가 없을 정도로 비현실적인 계획으로 시작됐던 제 연구는 어쩌다 보니 방법론적 정당성을 인정받았고, 현장에서 획득된 데이터를 통해 단단해졌으며, 100,000개의 단어에 육박하는 장대한 글이 되어 도서관에 모셔졌네요. 돌이켜 보건대, 이 5년 남짓한 시간이 제게 남긴 또렷한 교훈이 하나 있다면, 그것은 '시간이 흘러야 알게 되는 것들이 있다는 것'일 겁니다. '한 발 물러서서 바라보라', '이따금씩 뒤를 돌아보라', '너의 진척들을 기록해 두라' 등등 이 책에 참여하시는 많은 분들이 일맥상통하는 이야기들을 해 주실 것이라 믿습니다. 서로 다른 곳에서, 서로를 모르고 지냈던 사람들이, 서로 다른 쳇바퀴를 굴리며 살아왔음에도 모두 비슷한 결론에 다다른다면, 그게 영국에서의 박사 과정 공부를 꿰뚫는 진리가 아닐까요.

　결국, 영국에서의 박사 과정에 관한 책을 쓰면서 '이럴 땐 이렇게, 저럴 땐 저렇게' 하는 식의 매뉴얼은 무용한 것일 수 있겠다 하는 마음입니다. 이런 이유로 '영국에서 박사 과정 공부를 하는 사람'으로서 쓰게 될 이 책을 통해 여러분에게 무슨 이야기를 들려주어야 할 것인가에 대해 나름대로 많은 고민을 했습니다. 그리고 제가 다다른 결론은 '삶' 그리고 '솔직함'이라는 두 개의 키워드로 정리될 수 있을 것 같네요. 많은 사람들이, 심지어는 가족마저 저를 '박사 과정생'이라는 타이틀로 인식하고 있을 때, 그 이름 아래 고군분투하고 있던 인간 송인섭의 모습과 이야기에 대해 쓰고 싶다는 생각이 강하게 들었습니다. 바꿔 말하자면, 이 책을 통해서는 저의 한 단면만을 멋들어지게 포장하기보다는(이건 다른 곳에서 열심히 하고 있으니) 수박 겉핥는 식의 공부를 해 온 것으로 비쳐지는 초보 연구자로서의 삶, 언제 영국에서 쫓겨날지 모르는 이주민으로서의 삶, 우울과 불안, 공황 증세에 아직 의연하지 못한 환우로서의 삶, 이렇다 할 수입이 없는 초보 아빠로서의 삶 등에 대해 꾸밈 없이 들려 드리고 싶어요. 그래서, 제 책을 읽는 아무개들이 '영국 박사 과정의 삶'보다 '영국 박사 과정 아무개의 삶'을 더 객관적으로, 생생하게, 때로는 더 처절하게 그려 볼 수 있기를 희망합니다.

안선하

  저는 영국 스코틀랜드 글래스고대학교에서 보건 사회학(사회
학 중심)으로 박사 과정을 마무리 중입니다. 현재 논문 제출을 한
상태이며, 박사 논문 마지막 과정인 구두시험(Viva Voca)를 앞두
고 있으며, 2025년에 박사 과정 졸업을 예상하고 있습니다.

  제가 영국에서 박사 과정을 선택한 이유는 세 가지로 요약해
서 말할 수 있을 것 같습니다. 첫 번째로, 박사 학위는 영어권 국
가 중에 미국 아니면 영국을 선택할 생각이었고, 저의 삶의 취향
은 미국보다 영국에 정서적으로 가까웠습니다. 유학을 오기 전
영국 18세기 빅토리아 여왕 시기에 영화들을 즐겨 봤었고, 영어
의 본고장인 영국에서 영어로 과학적 논문을 써 보는 방법을 배
웠고, 더 배워 보고 싶었습니다. 따라서 영국 유학을 선택한 이
유 그 첫 번째는 정서적 친밀성입니다. 두 번째는 경제적 여건입
니다. 영국은 미국보다 학위 과정이 짧았고, 그래서 경제적 여건
을 고려해서 미국보다는 생활비나 학비가 덜 들 수 있을 것이라
생각했습니다. 유학에 대한 경제적 여건을 장기전에 대비해서 최
소한 어느 정도 경제적 비용이 들 것인지 예산을 책정하고 진학
을 선택했습니다. 세 번째는 특정 현상과 사건에 대한 학문적 접
근 방식 때문입니다. 저는 정치사회학과 보건학 분야가 미국과
비교해서 영국에서 접하는 방식이 다를 것이라 생각했습니다. 저

는 한국에서 개발정책학으로 석사 학위를 가지고 있었지만, 영국의 학위 평가 과정에 익숙해지기 위해서 두 번째 석사를 먼저 시작했고, 그 분야가 정치 커뮤니케이션 분야였기 때문에 사용하는 단어와 평가받는 방식이 기존에 익숙했던 한국 시스템과 많이 달랐습니다. 석사 오퍼는 골드스미스(Goldsmith) 런던, 스코틀랜드 에딘버러(Edinburgh) 대학, 잉글랜드 중북부 리즈(Leeds) 대학이었고, 세 곳 중 영국에서 석사 과정은 박사 과정을 가기 위한 디딤돌로 생각했기 때문에 생활비와 학비가 가장 덜 들 수 있는 곳을 선택했는데, 그곳이 리즈대학이었습니다. 궁극적으로 리즈에서의 학위도 생활도 모두 잘 선택한 거라 생각하고 있습니다. 리즈에서 석사를 하면서 박사 과정에 진학 못 할까 봐 전전긍긍하며 석사 과정을 보냈던 것 같습니다. 왜냐하면, 영국은 점수를 잘 받으려면 영어로 글을 정말 잘 써야 합니다. 특히 제가 선택한 과가 정치커뮤니케이션(Political Communication)이었기 때문에 자주 쓰는 단어도 글의 흐름도 낯설었고, 영국의 평가 방식에서 가장 중요하게 생각하는 비판적 사고(critical thinking)를 영어로 전개하는 게 어떻게 하는 건지 알 수가 없었습니다. 이런 글쓰기 훈련은 ILETS와는 또 다른 차원의 노력이 필요했습니다.

이후 스코틀랜드 글래스고에서 박사 과정을 선택하게 된 계기는 운명과 같았습니다. 저는 석사 과정 1학기가 끝날 무렵에 박사 과정 지원을 시작했고, 1학기보다 2학기 성적이 좋았기 때문에 1학기 때 지원이 쉽지 않았습니다. 그래서 2학기가 시작하기 전에 짧은 방학 기간 동안 박사 지원 Proposal을 준비하기 시작했습니다. 궁극적으로 약 6개월 동안 약 2~30군데 정도 개별 교수들에게 이메일을 보내며 긍정적 또는 부정적 반응들을 여러 군데에서 받았는데, 그중 어떤 교수님들은 학문의 접근 방식을 고려해서 지금의 교수님들이 계시는 학교를 추천해 주시기도 하셨습니다. 글래스고는 두 군데의 교수님들이 추천하신 곳이었고, 마감 이틀 전에 지원해서 unconditional offer를 받았습니다.

제가 공부하고 연구하는 분야는 박사 지원 준비를 할 때 연구 제안서를 준비하면서 석사 과정에 과제로 했던 프로젝트의 일환이자 궁극적으로는 석사 과정 논문의 내용들의 연장선상에 있는 내용이었습니다. 개도국의 디지털 미디어 개발 커뮤니케이션에 관한 프로젝트였는데, 해당 교수가 말라위에 있는 청소년들에게 HIV의 인식을 바꿀 수 있는 연구 프로젝트를 제안하는 것이었고, 저는 디지털 커뮤니케이션 참여를 통한 HIV+ 말라위 청소년들의 인식 전환을 제안했습니다. 석사 때 받은 영감으로 박사 과정에서도 유사한 주제로 남아공의 젊은 여성들이 직면한 개인적 돌봄의 삶을 사회적, 디지털 관계성의 맥락에서 어떻게 성 건강 또는 HIV를 관리해 오는지에 대한 주제로 박사 학위 논문을 작성했습니다.

이 책을 집필하게 된 계기는 박사 논문을 작성하는 과정에서 그리고 (석사 포함 지난 6~7년 동안) 영국에서 스스로 하나하나 개척해 온 과정들을 함께 공유하면 좋겠다고 생각했고, 제가 동료 박사들에게 함께 책을 집필해 볼 것을 제안했습니다. 이 책의 첫 기획자로서 독자들이 저희와 같은 어려움을 직면했을 때 조금은 대비가 될 수 있기를 또는 조금은 위안을 받을 수 있기를 바라는 마음을 모아 작성했습니다. 저는 개개인의 이야기에 담긴 진솔함과 치열함의 힘을 믿습니다. 이 책이 저희 저자들에게는 과거의 기록이자 그 당시 상황에 대한 만남일 수 있지만, 현재를 돌아보게 되는 통찰이자 미래로 나아갈 수 있는 힘이 될 수 있을 것 같습니다. 이 책을 만나는 독자분들께도 삶 속 작은 영감이자, 한 인간 아무개의 동료애를 느낄 수 있는 선물이 되길 희망합니다.

이보희

저는 에든버러대학교에서 석박사를 마치고 현재 런던 임페리얼 컬리지, National Heart and Lung Institute에서 포닥 생활을 하고 있는 이보희라고 합니다. 현재 주로 하는 연구 분야는 호흡기 질환 치료에 관한 것이고, 임상데이터나 빅데이터를 활용하여 역학 분석을 하거나 메타분석을 하는 것을 주 업으로 하고 있습니다.

벌써 영국에 산 지 7년째가 되다니, 감회가 새롭네요. 지금 돌이켜 생각해 보면 좀 더 일찍 영국으로 왔으면 좋았을걸 싶을 정도로 제 삶에 만족하며 살고 있습니다. 왜 하필 영국이냐는 질문을 많이 받았었는데, 사실 큰 이유는 없었습니다. 일단은 유학을 너무 가고 싶었습니다. 유학을 떠나기 전 약학 대학을 졸업했는데, 좀 더 넓은 세상에서 다양한 사람들을 만나며 일을 하고 싶었습니다. 그러다 공중보건 및 역학 연구에 대한 관심을 가지게 되었고, 에든버러대학교에 석사를 지원한 것이 이 모든 여정의 시작이었습니다.

처음에는 '일 년만 있다가 한국으로 돌아가야지' 했는데, 공부를 하면 할수록 지금 하고 있는 분야가 놀이같이 느낄 정도로 재미있고 홍미가 생겨 결국 박사까지 하게 됐네요. 언젠가 지도 교수님과 현재 상사한테도 여러 지원자 중에서 나를 왜 선택했냐고 여쭤봤더니 지원자 중에서 가장 열정적이고 무엇을 할지 잘 알고 있다는 인상을 주었기 때문이라고 하시더라고요. 이렇게 하고 싶은 걸 하며 살고 있기에 영국에서의 삶이 행복한가 봅니다.

제게 있어 박사 과정은 참 힘든 시기였기도 하지만 학생 신분으로서 마지막으로 하고 싶은 것을 모두 할 수 있었던 무한한 가능성의 시기였던 것 같아요. 학생이기 때문에 부담 없이 여러 프로젝트에 꼽사리로 껴서 일을 할 수 있었고, 한국에서는 손사래 쳤을 학생회 대표로도 일해 보기도 했으니깐요. 박사 과정이 정말 학생으로서의 마지막 신분이잖아요? 그래서 하고 싶은 거 다해 봐야지 싶었던 것 같아요. 그러다 보니 좋은 결과도 있었어요. 꿈에 그리던 국제기구라든지, 정부기관이랑 협업도 해 보고, 학생회 대표로도 일해 보기도 하고, 이런저런 작은 프로젝트에도 참여했었으니까요. 무엇보다 이런 과정을 통해 제 자신을 알아가고 좋은 사람들을 많이 만난 것 같습니다.

타국에서 이방인으로 살아가는 것은 물론 쉽지 않지만, 어딜 가나 사람 사는 것은 다 같더라고요. 물론 이방인으로서 보이지 않는 장벽들도 겪었지만, 그렇기 때문에 타국에서 온 친구들과 빠른 공감대 형성으로 좋은 인연을 맺을 수 있었고, 지금 생각해 보면 사회적 압박으로부터 조금은 자유로워질 수 있었던 것 같습니다. 겉으로는 거창해 보일 수 있는 박사생이었지만 사실 가장 많은 내적 또는 외적 실패로 몸과 마음이 너덜너덜해진 시기기도 했던 것 같습니다. 그리고 그 모든 과정을 마친 이 시점에서 돌아보건대, 그렇게 실패를 많이 겪어도 괜찮더군요. 앞으로 영국이든 어디든 한국을 떠나 유학 또는 박사 과정을 준비하는 사람들에게 제 이야기가 도움이 되었으면 좋겠습니다.

이예린

무용가 겸 스크린댄스 아티스트 이예린입니다. 사실 아직도 사람들을 만나면 어떻게 소개해야 할지 잘 모르겠지만, 그냥 춤을 사랑하고 춤으로 사람과 사회를 바라보려 노력하는 사람입니다. 저는 국립국악고등학교와 경희대학교에서 한국무용을 전공했습니다. 학사 과정을 졸업한 후, 바로 골드스미스 런던 대학교 (Goldsmiths, University of London)에 있는 'Creative and Cultural Entrepreneurship'이라는 석사 과정을 했고, 이후 로햄튼 대학교 (University of Roehampton)에서 춤(Dance)으로 박사 과정을 밟았습니다. 이후 이스트런던대학교(University of East London)에서 스크린댄스(Screendance)로 강의를 진행한 후, 현재는 London Studio Centre에서 Lecturer 및 Module Leader로 일하고 있습니다.

PhD in Dance, 그것도 한국무용을 전공한 사람이 영국에서 박사를 했다고 하니, 그간 저를 소개할 때마다 신기하게 바라보는 시선이 적지 않았습니다. 물론 지금 이 글을 읽고 있는 여러분도 조금은 생소하다고 느끼실 겁니다. 무용 전공을 하는 한국 유학생은 생각보다 영국에서 찾기 정말 어렵습니다. 이는 아마도 영국이 무용과 안무법으로 유명한 나라임에도 불구하고, 무용수로서 무대에 설 수 있는 제한적인 신체의 나이 때문에 상대적으로 2-30대에는 무용단에서의 활동이 많기 때문일 것입니다. 그럼에도 불구하고 제가 학위 과정을 쉬지 않고 달려온 이유는 춤으로 제 생각을 뿜어내기에 제 스스로가 아직 채워지지 않았음을 학사를 하면서 느꼈기 때문입니다. 몸이라는 악기를 연주하기 위해서는 좋은 테크닉만이 아닌 이를 표현하기 위한 악보를 그릴 줄 알아야 하고, 표현하기 위한 자신만의 생각과 감성이 있어야 합니다. 그래서 실기나 안무법에 집중할 수 있는 학교들보다는 나의 무용 단체를 만들고 무용을 통해 사회를 바라보고 표현해 내는 법을 배울 수 있는 학교들에 더 관심이 갔습니다. 그래서 Goldsmiths에서 예술창업이라는 과정으로 나의 무용 단체를 만들 수 있는 환경에 대해 알아 갔고, Roehampton에서는 무용학, 특히 '무용정치사회학(Dance Politics and Sociology)'과 '스크린댄스(Screendance)'라는 세부 전공으로 예술의 사회적 역할에 대한 진지한 고민을 했습니다.

유학을 처음 온 시점에는 사실 무용수보다는 디렉터가 되고 싶은 마음이 컸습니다. 내 작품을 나의 무용 단체로 선보이고 싶었고, 덕분에 〈Y DANCE PROJECT〉라는 팀을 만들어 무용수이자 프로듀서를 담당할 수 있게 되었습니다. Y DANCE PROJECT는 한국의 전통무용과 컨템포러리댄스를 결합(Korean Contemporary Dance)시켜 선보이는 단체로서, 사회적 고정 관념, 소셜미디어 중독, 자살, 미세 먼지, 전염병, 기후 변화 등과 같은 다양한 정치, 사회적 문제를 다뤄 왔습니다. 감사하게도 다양한 영국의 극장들이나 대학들에서 작품을 선보일 수 있는 기회들이 주어졌었고, 제 생각과 고민을 담은 작품들을 관객분들과 공유하니 '영국에 오길 참 잘했구나'라는 생각이 들었습니다.

하지만 작품을 만들고 공연을 선보이면서 조금 더 다양한 시도를 하고 싶어졌습니다. 그래서 무용 영상의 예술인 '스크린댄스'라는 장르에 조금 더 집중하기 시작했습니다. 카메라로 사진과 영상을 찍는 취미를 가졌던 저에게 이만큼 완벽한 Art form은 없었습니다. 제가 좋아하는 춤과 카메라의 만남이라니, 지금 생각해도 감사한 조합입니다. 스크린댄스는 단순히 무용을 소재로 하는 영화나 춤을 잘 보여 주기 위해 찍는 댄스 필름과는 다른 장르입니다. 춤의 Choreography와 카메라의 Cinematography가 만나, 촬영과 편집으로 하나의 또 다른 춤을 스크린에 구현해 내는 작업입니다. 스크린댄스는 석사 과정 중 만나게 되었고, 그 매력에 빠져 이후 박사는 스크린댄스를 Practice-based research의 메인으로서 진행하게 되었습니다.

이승한

저는 기후 변화 대응 정책, 특히 적응 정책을 연구하는 이승한 박사입니다. 2014년 서울대학교 환경대학원에서 석사 학위를 끝낸 후 한국환경연구원(KEI)의 국가기후위기적응센터(KACCC)에서 위촉연구원으로 약 3년간 일을 했습니다. 2018년 1월부터 리즈대학교(University of Leeds)에서 박사 학위 공부를 시작해서 4년 2개월 만인 2022년 3월 박사 학위를 취득하였습니다. 2023년 12월부터 지역의 시정연구원에서 연구 위원으로 일하고 있으며, 탄소중립지원센터의 센터장을 맡고 있습니다.

제가 전공한 분야는 기후 변화 대응 정책, 그중에서도 기후 변화 적응 정책에 대한 것입니다. 기후 변화의 영향을 피부로 느끼기 시작하면서 많은 사람들이 변화하는 기후에 대해 적응이 필요하다는 것은 느끼고, 듣고 있습니다. 하지만 실제 기후 변화 적응의 개념이 무엇인지, 변화하는 기후에 어떻게 적응해야 하는지 잘 알지 못합니다. '추상적으로 적응해야지' 하는 경우가 많습니다. 기후 변화 적응 분야는 2000년대 초부터 다양한 개념과 요소들이 굉장히 독립적으로 발전해 왔습니다. 저는 이렇게 독립적으로 발전한 개념과 요소들을 기후 변화 적응 정책 과정(process)을 바탕으로 체계적으로 풀어내는 연구를 하고 있습니다. 연구를 통해 기후 변화 적응에 대한 종합적이고 구체적인 이해를 제공하고, 이를 통해 실질적인 기후 변화 적응 행동을 가능하게 하는 것이 제 연구 목표입니다. 박사 과정에서는 국가 단위 기후 변화 적응 정책의 장애 요소(barrier)는 어떤 것들이 있으며, 이것들을 왜 발생하는지, 장애 요소 극복을 위해 실질적으로 어떻게 접근해야 하는지 등을 연구했습니다.

제가 박사 학위를 위해 영국을 선택한 이유는 기후 변화 대응에서 영국은 선도 국가(Leading country)이기 때문입니다. 다른 나라들보다 언제나 한발 앞서서 관련 법 체계와 정책을 마련하여 다른 나라들의 정책 수립에 길잡이 역할을 하고 있습니다. 특히 제가 한국에서 국가 단위 기후 변화 적응 정책을 마련하는 일을 할 때, 한국의 기후 변화 적응 정책 마련의 대부분 기준과 시스템은 영국의 사례를 바탕으로 했습니다. 그런데 한국의 정책을 마련하고 이행하는 과정에서 다양한 문제점들을 경험했습니다. 일부 문제들은 정책이 이루어지는 약 10년 동안 계속 반복적으로 발생했습니다. 그래서 궁금해졌습니다. 아주 체계적으로 보이는 영국도 비슷한 문제를 경험하고 있을까? 만약 경험하고 있다면 이를 어떻게 해결하고 있을까? 영국과 한국 사례를 비교해 보면 재미있으면서도 실질적인 연구를 할 수 있지 않을까? 그래서 영국을 선택했습니다.

리즈대학교를 선택한 이유도 그래서입니다. 실제 영국의 기후 변화 적응 정책을 잘 알거나 정책 과정에 실제로 참여하고 있는 지도 교수님이 필요했습니다. 사실 한번에 학교를 결정한 것은 아닙니다. 영국 내 많은 학교의 다양한 교수님들께 메일을 보내고, 제 연구 관심사를 표현했었습니다. 학교 이름도 중요했습니다. 그러던 중 일부 교수님들에게서 답이 왔습니다. 너무 좋은 연구 주제인데 현재 받아 줄 수 있는 여력이 없다고. 그러면서 몇 분의 교수님들이 공통적으로 리즈대학교의 교수님들을 추천해 주었습니다. 한 분은 기후 변화 정책에서 학문적 대가였고, 한 분은 영국 정부에서 지정한 기후 변화 적응 정책의 적응 전문가(Adaptation champion)였습니다. 제 연구를 위해 더할 나위 없이 좋은 조합이었습니다. 바로 두 분 모두에게 메일을 보냈고, 저의 일 경험과 연구 주제에 깊은 관심을 보여 주셨습니다. 리즈 시절이라고 말하는 그 리즈 말고는 리즈에 대해서 아는 것이 없었습니다. 학교 이름을 검색해 보고, 제 관심 분야의 연구들을 찾아 보았습니다. 리즈대학교는 영국 내에서 환경 분야 연구 상위 5위권을 항상 유지했고, 한국에서 많이 알려지지 않았을 뿐 학교의 명성 역시 좋았습니다. (여담으로 제가 졸업한 2022년 내가 속한 지구환경대학(School of Earth and Environment)은 세계 대학 평가에서 지구과학 분야 23위, 환경과학 분야 36위를 차지했습니다.) 그래서 바로 2017년 10월 영국의 Leeds로 날아갔고, 영국에 대한 적응기를 가진 뒤, 2018년 1월 박사 학위 연구를 시작했습니다.

정동혁

저는 코번트리대학교에서 지속 가능한 관광을 주제로 박사 논문 작성 중이고, 2023년 5월에 바이바 통과 후, 2024년 11월에 졸업하였습니다. 박사 과정 중에 취업이 되어 현재는 University for the Creative Arts(UCA)의 경영대학원에서 교수로 일을 하고 있습니다.

이 글을 쓰며 왜 '박사' 과정에 진학했는지, 왜 '영국'에서 공부를 하기로 했는지를 생각해 보게 되었습니다. 사실 박사 과정에 진학하는 것에 큰 이유나 동기가 있지 않았습니다. 첫째로는, 석사 과정 당시 친구가 박사 과정에 흥미가 있다 하였고, 여기에 저도 영향을 받았습니다. 두 번째로는, 개인적으로는 사람들과 활발하게 일을 하는 것보다 혼자 조용히 방 안에서 글 쓰는 것을 더 선호하는 편이었는데, 박사 졸업 이후 교수나 연구원으로 빠질 커리어를 생각해 보니 일반 회사에 입사하는 것보다 더 낫겠다 싶었습니다. 영국으로 박사를 가게 된 결정적 계기는 석사를 영국에서 했기 때문입니다. 석사 때 지도 교수님이 제가 관심이 있는 분야와 동일한 연구를 하신 분이셨고, 저와 똑같이 학사는 한국, 석박사는 영국에서 하시고 영국에 취업하신 분이어서 커리어적으로 많은 도움을 받을 수 있겠다 판단했었습니다.

제 박사 과정 연구는 지속 가능한 관광 개발이라는 개념에 기반하고 있으며, 현재 아주 핫한 주제라고 봐도 무방합니다. 지역 사회의 참여를 강조하고 있는 이 개념을 저는 테마파크 개발에 적용시켜 주민 참여의 장벽과 동인 요인을 파악하고 있습니다. 가장 흥미로운 부분은 주민 간의 갈등이 다른 이해관계자 간 갈등보다 참여 의지에 더 큰 영향을 미치고 있는 것으로 드러났는데, 여기에는 문화적 특성이 큰 변수로 작용했습니다.

처음 입학했을 때는 많은 것이 낯설고 두려웠습니다. 뭔가 박사라고 하니 엄청 많은 것을 배운 것 같고 엄청난 성취를 한 것 같지만, 실제로는 아는 것도 별로 없더군요. 논문을 찾으면 찾을수록 개념과 이론들이 꼬리에 꼬리를 물어 저 깊이 내려가는 것을 보니 '대체 지식의 끝은 어디일까'라는 두려움, '논문으로 밥벌이를 할 수 있을까'에 대한 깊은 고민 그리고 졸업이 끝이 아닌 시작이라는 현실이 늘 저를 따라왔습니다. 박사 과정 기간 내내 마음 편하게 여행을 간 적도 없고, 새로운 취미나 즐거운 삶을 누리지도 못했습니다. 왜냐하면 매일 불안했거든요. 좋은 경치를 구경하다가도 '이 시간에 내가 이러고 있는 게 맞나'라는 생각이 들면서 '이 시간에 글을 한 문장이라도 더 쓰는 게 맞지 않나'라는 생각까지 들 정도였어요.

그런데 걱정 속에 산다고 해서 걱정이 제 논문을 써 주는 것은 아니더라고요. 현재 주어진 것에 감사하고 즐겁게 누리는 것이 중요하다는 것을 지난 5년의 과정을 통해 깨달았어요. 논문을 쓸 때면 논문을 쓰고, 여행을 가게 됐으면 여행의 즐거움을 누리는 것이 맞는 삶 같아요. 매 미팅 때마다 지도 교수님들이 항상 한 발짝 뒤로 물러나서 글을 바라보라고 했을 때 무슨 말인지 이해를 못 했지만, 이것을 깨닫고 나니 이제는 제가 지도하는 학생들한테 매번 이 얘기를 해 주게 됐어요. 과정 자체가 매우 험난하고 고통스러운 것은 부정할 수 없는 사실이지만, 곳곳에 즐거움과 성취감 그리고 기쁨이 숨어 있더라고요. 이를 하나씩 찾아보는 것이 박사 과정의 묘미인 것 같아요. 이 깨달음이 제가 그만큼 성장했다는 증거이지 않을까요?